Alain Pelosato

Films gothiques

sfm éditions
ISBN 978-2-915512-26-7
9782915512267
Dépôt légal novembre 2018

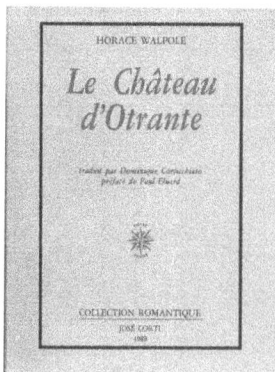

HORACE WALPOLE

Le Château d'Otrante

Traduit par Dominique Corticchiato
préfacé de Paul Éluard

COLLECTION ROMANTIQUE
JOSÉ CORTI
1989

Le gothique est *transgenre*

Un film gothique peut être un film de fantôme, mais il y a des films de fantôme qui ne sont pas gothiques ; il peut être un film de vampire, mais il y a des films de vampire qui ne sont pas gothiques ; il peut être un film diabolique, mais il y a des films diaboliques qui ne sont pas des films gothiques ; même un film de SF peut être un film gothique !

Prenez donc connaissance de ce qu'est le « gothique » en littérature et au cinéma dans l'étude qui ouvre cet ouvrage, et ensuite des chroniques des centaines de films qui suivent.

Faites-vous, ainsi, une idée vous-même...

Les adaptations cinématographiques des chefs-d'œuvre littéraires

Dans *Anatomie de l'horreur*[*], Stephen King porte une appréciation décisive sur les trois grandes œuvres littéraires qui ont le plus inspiré le cinéma, je veux parler du *Frankenstein* de Mary Shelley, du *Dracula* de Bram Stoker et du *Dr Jekyll et Mr Hyde* de Robert Louis Stevenson. Il se posa cette simple question : pourquoi ces textes sont-ils ainsi restés dans la postérité grâce au cinéma ? En effet, on n'a jamais autant vendu des romans de Mary Shelley et de Bram Stoker que depuis la sortie du *Dracula*[**] de Coppola et du *Frankenstein* de Branagh. D'autant plus que, pour la première fois dans l'histoire du cinéma, les scénarios du livre ont été très bien respectés, ce qui a donné deux œuvres cinématographiques modernes et très belles. Il est d'ailleurs caractéristique que certains critiques leur ont reproché de ne pas être des films expressionnistes comme le *Nosferatu* de Murnau et le *Frankenstein* de Whale. Heureusement que le cinéma se renouvelle. Mais revenons à l'appréciation de Stephen King que je me permets de citer intégralement : « *Certes, aucun de ces trois romans n'est à la hauteur des*

---

[*] Pour toutes les œuvres citées voir la bibliographie en fin d'ouvrage

[**] Pour tous les films cités voir le chapitre de critiques des films.

---

chefs-d'œuvre de la littérature du vingtième siècle [...]. Mais aucun roman ne peut survivre à l'épreuve du temps grâce à ses seules idées – ni grâce à son seul style, comme tant d'écrivains et de critiques modernes semblent le croire... à la manière de vendeurs de voitures superbes, mais dénuées de moteur. Bien que Dracula n'arrive pas à la cheville de Jude l'obscur, le roman de Stoker persiste à survivre dans les mémoires longtemps après que Varney the Vampire, une œuvre nettement plus sanguinolente, est tombée définitivement dans l'oubli ; il en va de même pour la Chose sans nom créée par Mary Shelley et pour le Loup-Garou imaginé par Robert Louis Stevenson. [...] Un roman est une machine, au même titre qu'une voiture, une Rolls-Royce sans moteur ne va pas plus vite qu'un pot de fleurs, et un roman dénué d'intrigue n'est rien de plus qu'une curiosité, un petit jeu intellectuel. » Puis, Stephen King s'étonne un peu que les autres romans de Stoker et Shelley soient tombés dans l'oubli, ce qui n'est pas le cas pour Stevenson. Ce n'est pas étonnant, car ces trois romans, non seulement ont un bon moteur, mais aussi un carburant inépuisable : les mythes, traditions folkloriques et légendes sur lesquels ils s'appuient et qui ont désormais acquis un caractère universel. C'est ce qui fait la différence entre deux chefs-d'œuvre dont l'action se situe dans les mêmes lieux : *Dracula* de Bram Stoker et *Le Château des Carpates* de Jules Verne. Si le cinéma s'est tant emparé du premier, c'est parce qu'il est le seul à être vraiment fantastique. Le roman de Jules Verne apporte, à la fin, toutes les explications nécessaires aux phénomènes étranges qui se déroulent dans ce château. Quand on ferme le livre, on peut oublier l'histoire. Pourtant le roman de Jules Verne est très riche en thèmes fantastiques, mais d'un fantastique qui s'exprime entièrement par la science-fiction. Un de ces thèmes rejoint le cinéma. Le baron de Gortz[1] a un projet fou, celui de s'emparer de l'image et de la voix d'une cantatrice dont il est amoureux. Ainsi, grâce au phonographe et à la photographie, ce nouveau Dracula se repaît tous les jours de la projection de l'image sonore de sa bien-aimée... Dommage qu'il ne connaissait pas encore le cinéma... Quand on ferme le livre *Dracula*, on n'oublie rien et on peut encore se plonger dans des abîmes de réflexions et d'angoisses. D'ailleurs, les écrivains continuent à exploiter le thème de *Dracula* comme Fred Saberhagen, qui a écrit différentes histoires ayant le comte Dracula comme héros (*Un Vieil ami de la famille – Le Dossier Holmes-Dracula – Les Confessions de Dracula*[2]). On voit que le personnage est toujours fécond...

Le cinéma a fait preuve, avec ces mythes, du génie du Créateur en utilisant leurs matériaux, en les façonnant, pour en faire de prodi-

---

[1] Le "méchant" du roman *Le Château des Carpathes*.

[2] Publiés chez Pocket dans la collection *Terreur*

gieuses œuvres nouvelles appelant à d'autres créations.

Le gothique

Le gothique est avant tout une architecture, celle des moines et des seigneurs du Moyen Âge. Cette architecture est rentrée dans la fiction avec le roman gothique anglais dont le premier auteur fut l'écrivain anglais Horace Walpole avec son roman *Le Château d'Otrante* (1764), suivi par nombre d'autres comme (pour ne citer que les plus connus) : Ann Radcliffe avec, notamment, *Les Mystères d'Udolphe* (1794), M.G. Lewis avec *Le Moine* (1796), Sade avec *La Nouvelle Justine*... (1796), E.T.A. Hoffmann avec *Les Élixirs du diable* (1816), Mary Shelley avec *Frankenstein*... (1818), Maturin avec *Melmoth*... (1820), Jules Verne avec *Le Château des Carpates* (1892), Bram Stoker avec *Dracula* (1897) et Gustav Meyrink avec *Le Golem* (1916).
Ce genre littéraire a connu un immense succès et se poursuit d'ailleurs de nos jours puisque l'on parle de *roman gothique sudiste* pour certains écrivains américains. On pourrait citer Anne Rice avec *Entretiens avec un vampire* (1976).
Comment peut-on définir le genre "gothique" au cinéma ?
Pour cela nous allons revenir à la littérature et appeler à notre secours la remarquable étude

de Maurice Lévy : *Le roman "gothique" anglais*, 1764 – 1824.

L'architecture gothique imite la forêt. Ce style architectural peut donc apparaître comme naturel. Dans la forêt, on est sous le couvert des arbres, la vue ne porte pas loin, et le symbole phallique de la futaie n'est plus à démontrer. C'est cette architecture qui est la base de l'imaginaire gothique. C'est pourquoi le cinéma gothique se définit d'abord comme mettant en place un décor de lieux fermés dans lesquels l'angoisse naît en partie du fait de l'ignorance de ce qui se cache derrière ces obstacles. Ainsi, un film moderne comme *Alien* de Ridley Scott (1979) s'inscrit bien dans cette classification. Un autre film, comme *Event Horizon*... de Paul Anderson (1997) se déroule dans un vaisseau spatial dont, d'ailleurs, le décorateur a cultivé le style gothique, notamment pour le bloc médical, dans lequel se déroulent les plus atroces événements et qui est conçu comme une crypte d'église.

Si vous avez de l'imagination et que vous la laissez vagabonder, lorsque vous entrez dans une forêt vous avez peur. De quoi ? Vous ne le savez pas. Le lieu couvert, la vue limitée par tous ces obstacles qui peuvent cacher Dieu sait quoi, tout cela entretient la peur.

Dans cette forêt, le chevalier errant poursuit sa quête, essentiellement une quête de son propre personnage, de sa propre nature. C'est ce que fait le héros de *Dark City* d'Alex Proyas, ou celui de *The Crow* du même réalisateur. Dans ces deux films, la forêt est remplacée par la ville, une ville tentaculaire, dont de nombreux aspects rappellent l'architecture gothique, particulièrement dans *Dark City* qui possède la particularité de changer chaque nuit, en même temps que se perd la mémoire de ses habitants, comme celle du personnage du *Château d'Otrante*.

« *Le suspense est d'autant plus captivant qu'il est associé à la terreur, principal ressort de l'action. Manifestement, l'intention de l'auteur est de faire peur, et il y réussit souvent, moins par les conséquences morales d'actes répréhensibles, que par les circonstances mystérieuses qui les accompagnent.* » Maurice Lévy s'exprime ainsi dans son ouvrage *Le Roman "gothique" anglais* à propos du roman *Le Château d'Otrante*. Cette citation peut être aisément appliquée aux films que je qualifie de gothique. Comme *Event Horizon* de Paul Anderson (1997) : la terreur y est installée dès le début. Une des premières images montre le visage du héros au travers d'un hublot de station spatiale et la caméra s'éloignant brutalement montre l'exiguïté de ce lieu alors que l'espace est immense. Comme la crypte est étroite au regard de la Création.

Le style gothique a des origines médiévales, comme les églises, châteaux et cathédrales de l'architecture du même nom. Un écrivain-réalisateur anglais de terreur, Clive Barker, a particulièrement développé cette ambiance médiévale dans ses films. Ce terrifiant décor de tortures et de mort est répandu dans *Event Horizon* dont on vient de parler, mais aussi dans *Spawn* de Mark A.Z. Dippé (1997), dont l'action se déroule dans un cadre moderne. Spawn "vit" sur les hauteurs d'une cathédrale pleine de gargouilles. La terreur est aussi particulièrement présente dans ce film.

Ce passé médiéval a une importance fondamentale dans le roman gothique anglais. *Le Château d'Otrante*, cinquante ans avant la Révolution française, avait déjà dit en vers hésitants sa satisfaction de voir son pays libéré de « l'esclavage de la mitre et des chaînes de la papauté »[3]. Ainsi, en Angleterre le baron fut vaincu par la Révolution anglaise de 1688 et le moine par la Réforme. « *L'Angleterre fut le premier pays d'Europe où châteaux forts et abbayes perdirent leur statut féodal et, cessant d'être des architectures fonctionnelles, devinrent des "objets pour la vue".*[4] » Le gothique reste donc quand même présent, sous forme de puissantes constructions, pour rappeler cette période. Et, comme toute construction, elle est capable, parce que son style architectural est tout en symboles,[5] de faire travailler notre imagination sur ce passé relativement lointain. Nombre de créations artistiques qui accompagnent ces constructions sont des représentations matérielles, solides,

---

[3] Maurice Lévy dans un article publié par la revue Europe (mars 1984)

[4] Maurice Lévy dans son étude *Le Roman gothique anglais*

[5] Voir à ce propos le symbolisme de l'alchimie dans *Le Mystère des cathédrales* de Fulcanelli.

des incarnations du mal. Or n'est-ce pas ce mal, qui mêle plaisir et douleur, qui reste étrangement moderne et qui nous apparaît d'autant plus terrifiant qu'il porte les signes de la violence du Moyen Âge : le feu et l'acier, les vêtements de cuir, les instruments de torture de l'inquisition...

Si on retrouve ce décor dans nombre de films de science-fiction, il faut néanmoins noter que le thème de l'incarnation d'une entité qui veut du mal à l'humanité, et qui s'en nourrit, est le mieux représenté par le vampire, dont le mythe nous vient de cette période même. Toutes ces légendes et ce folklore ont alimenté les terreurs nocturnes (réelles celles-là) de nos compatriotes humains tout au long des siècles qui ont connu les grandes pestes. Ces terreurs ont dû laisser des traces dans notre inconscient collectif. C'est pourquoi, malgré l'absence de décor purement gothique, le film *Vampires* de John Carpenter (1998) tient bien de ce genre, puisque les moines représentés par l'Église, font encore des ravages et sont à l'origine des phénomènes qu'ils prétendent combattre. Cette histoire a puisé ses ressorts dans trois grands romans gothiques : *Dracula* de Bram Stoker (bien sûr), mais aussi *Le Moine* de Lewis et les *Elixirs du diable* de Hoffmann.

La Chose sans nom de Mary Shelley

On sait que le *Frankenstein* de Mary Shelley est né d'un pari littéraire. Cette phase étonnante de la création est reprise au cinéma par le préambule du film *La Fiancée de Frankenstein* de James Whale, dans lequel la même actrice joue Mary Shelley au début du film et la *Fiancée* à la fin. Le cinéaste tchèque (réfugié aux U. S. A.) Ivan Passer reprend l'histoire de ce pari dans un film de 1988 : *Haunted Summer* et, en 1986, Ken Russel en avait fait un film d'épouvante dont le titre est tout un programme : *Gothic*. Voici comment Mary Shelley elle-même relate cet épisode fondamental de sa vie : « *Au cours de l'été 1816, nous (Mary et son époux) visitâmes la Suisse et devînmes les voisins de Lord Byron (qui) était le seul parmi nous qui couchât ses pensées sur le papier. [...] Mais l'été devint humide, inclément[...] Des volumes d'histoires de fantômes, traduits de l'allemand en français tombèrent dans nos mains. [...]*
— Nous allons écrire chacun une histoire de fantôme, dit Lord Byron.
Nous nous ralliâmes à sa suggestion. Nous étions quatre (Mary et Bercy Shelley, le Dr Polidori – qui se rendit célèbre avec son histoire de vampire – et Byron). [...] Je m'occupais à songer à une histoire, une histoire qui rivalisât avec celles qui nous avaient incités à en écrire. Une histoire qui parlerait aux peurs mystérieuses qui hantent notre nature, qui

susciterait une horreur profonde – une histoire telle que le lecteur n'osât point regarder autour de lui, une histoire à glacer le sang, à faire battre le cœur à coups redoublés. Si je n'y parvenais point, mon histoire de fantôme serait indigne de son nom. [...] Je vis, étendue, l'apparence hideuse d'un homme donner des signes de vie, à la mise en marche d'une puissante machine, et remuer d'un mouvement malaisé, à demi vital. [...] L'effort de l'homme pour imiter le stupéfiant mécanisme du Créateur de l'univers, ne pouvait qu'engendrer un effroi suprême. Sa propre réussite terrifiait l'artisan, il fuyait précipitamment, frappé d'horreur, son œuvre affreuse. » Ainsi, d'une œuvre somme toute mal écrite, est né un mythe qui consacre de nombreuses œuvres cinématographiques. Pour donner une idée du style de Mary Shelley, lisons cet extrait : « *Ce fut par une lugubre nuit de novembre que je vis enfin mon œuvre terminée. Avec une anxiété mêlée de terreur, je rassemblai autour de moi les instruments qui devaient me permettre d'infuser l'étincelle de vie dans cette chose inerte gisant à mes pieds. Une heure du matin venait de sonner et la pluie frappait lugubrement contre les vitres. Ma bougie presque entièrement consumée jetait une lueur vacillante, lorsque tout à coup, je vis s'ouvrir l'œil jaune et vitreux de cet être.* »[6]

---

[6] Mary Shelley dans son introduction à *Frankenstein*

Contrairement à Dracula, le mythe de cette Créature n'est pas une tradition d'un folklore quelconque. Il est né de l'angoisse de l'espèce humaine devant la Création de la vie, et de la manière dont de futures découvertes (Mary Shelley a écrit son livre en 1818, elle avait dix-neuf ans...) pouvaient faire accéder à cette divinité. À partir donc de cette idée de l'alchimiste qui crée la vie avec la mort, au même titre qu'il chercha à trouver la vie éternelle et créer l'or avec le plomb, l'œuvre débouche sur les problèmes humains qui en sont la conséquence. Différents angles de vue peuvent ainsi être traités, et ils l'ont été par le cinéma. Le point de vue de la Chose d'abord, traité par James Whale dans les fameuses scènes de Boris Karloff et la petite fille dans *Frankenstein* et du joueur de violon aveugle dans *La Fiancée de Frankenstein*. Le point de vue du docteur Frankenstein ensuite qui veut développer la connaissance humaine quelles qu'en soient les conséquences. Ce point de vue, qui se rapproche de Stevenson dans *Dr Jekyll et Mr Hyde*, est largement développé par toute la série des *Frankenstein* de Terence Fisher pour la Hammer (années 1950 et 1960). Dans ces films, le docteur Victor Frankenstein parvient toujours à ses fins et renaît de ses cendres. Et c'est normal, comment peut-il mourir puisqu'il a découvert l'éternité ? Lovecraft (avait-il lu Mary Shelley ?) a écrit, sur commandes, une série de nouvelles intitulées *Herbert West réanimateur*. Dans ces histoires terrifiantes, Herbert West est un étudiant qui a inventé un produit qu'il suffit d'injecter aux cadavres pour leur redonner la vie. La méthode technique est bien plus simple que dans *Frankenstein*... Le cinéma s'est intéressé à cette nouvelle version de la Chose : Stuart Gordon a réalisé *Re-animator* dans lequel il a rajouté du sexe (dont Lovecraft n'était pas friand) et du gore, beaucoup de gore... Il y a même eu deux suites, avec le même acteur, signées Brian Yuzna (*Re-animator 2* et *Beyond Re-animator*). Enfin, Stevenson lui-même a écrit une nouvelle *Les Pourvoyeurs de cadavres* (1884) que l'écrivain avait écrite dans une période de profonde dépression. Même thème de récupération de cadavres dans les cimetières pour des expériences clandestines. Plusieurs films se sont inspirés de cette histoire dont *Le Récupérateur de cadavres* de Robert Wise (1945) avec Boris Karloff et Bela Lugosi, et *L'impasse aux violences* de John Gilling (1960) avec Peter Cushing, célèbre pour ses interprétations du docteur Frankenstein dans les films de Terence Fisher. Dans le film de Robert Wise, les expériences du médecin lui serviront à guérir une petite fille paralytique. Le thème est donc plus progressiste : les expériences clandestines servent, à un moment ou à un autre, au bien-être de l'humanité. Hélas, à cause de la perversité de Gray, le pourvoyeur de cadavre interprété magistralement par Boris Karloff, le crime devient le matériau (cher au docteur Frankenstein) des expériences interdites. La scène où

Gray tue par étouffement entre ses mains l'homme à tout faire qui voulait le faire chanter est très cruelle. C'est Bela Lugosi qui joue le rôle de cet homme dans ce beau film très expressionniste. Lorsque Gray a ramené son cadavre chez le docteur, une scène stupéfiante, reprise de nombreuses fois ensuite, montre le visage du mort dans l'eau (les cadavres sont conservés dans un bain) et, en gros plan, les mains du docteur qui saisissent la tête pour la ramener à la surface. Ce film est surtout l'histoire d'une hantise, une profonde culpabilité matérialisée par Gray, dont le fantôme, pure création de l'esprit du docteur, le tuera à la fin. Seul le mythe de *Frankenstein* s'est perpétué jusqu'à nous alors que les autres se sont transformés, modernisés, pour une simple raison, c'est que ce mythe était déjà moderne. Dans *Chair pour Frankenstein*, Paul Morrissey insiste surtout sur la chair, car ce film est présenté en trois dimensions. il faut donc faire peur. Sans explication, Morrissey laisse croire que Victor s'est marié avec sa sœur (qui n'est que sa sœur de lait dans l'histoire d'origine) et leur enfant prendra d'ailleurs la relève. Dans ce film grotesque et baroque, les mises à mort (nombreuses) sont très impressionnantes : décapitation avec une grande cisaille, multiples éventrations avec les mains... Au contraire, Kenneth Branagh, dans son *Frankenstein*, film produit par Coppola et dans lequel on voit clairement toute son influence, montre un monstre humain, pétri de contradictions entre sa violence et son amour.

La Chose assène clairement ses reproches à son créateur sur la mer de glace où elle l'a entraîné : « *Tu m'as donné des émotions sans me dire comment m'en servir. [...] Et mon âme ? j'en ai une moi ? [...] As-tu jamais songé aux conséquences de tes actes ? Tu m'as donné la vie et tu m'as abandonné à la mort. Qui suis-je ?* » Le monstre, interprété par le puissant acteur Robert de Niro, réclame une femme, une compagne comme lui, ainsi elle ne le haïra pas. Et il rajoute : « *J'ai en moi une puissance d'amour que tu es à cent lieues d'imaginer, et une violence...* » Ce superbe film développe un rythme fait de longues scènes succédant à de très courtes, ces longues scènes elles-mêmes rythmées par de longs plans-séquences placés entre une succession éblouissante de plans très courts. La couleur des tenues des personnages (rouge et bleu vif) prédit leur destin. Cela fait un film qui ressemble à une partition, une superbe symphonie pour les yeux... Sous l'influence évidente du producteur, le macabre est laissé de côté pour insister sur les sentiments et l'affectivité. C'est une histoire d'hommes, les femmes n'y sont que les objets des sentiments des hommes, Elisabeth portant la tenue rouge au milieu de la foule grise qui fuit l'épidémie de choléra est sacrifiée aux obsessions occultistes de Victor Frankenstein. (Elle subira le même sort, au fond, que la petite fille juive au manteau rouge, dans le film en noir et blanc *La Liste de Schindler* (1993) de Steven Spielberg). Une histoire de père et de fils,

monstrueux, mais humain, drame du complexe d'œdipe composé d'une double culpabilité, celle du créateur, du père qui a créé un fils sans en être le géniteur, en volant la chair des autres *(« un simple matériau »,* déclare Frankenstein) et celle du fils qui veut la mort de son père et lui voler son épouse comme il lui a arraché son cœur de sa poitrine lors de leur nuit de noces. Alors que l'ensemble du film respecte l'architecture et le scénario du roman, cette dernière scène et celle qui suivra, la "résurrection" d'Elisabeth par une nouvelle expérience de Frankenstein, ont été rajoutées. Elles sont fondamentales dans le projet (réussi) du réalisateur et de son producteur de détourner le sens de cette aventure et d'en faire une histoire macabre du mythe d'Œdipe. Au fond, cet esprit de l'œuvre cinématographique est le prolongement de celui de l'œuvre littéraire puisqu'on peut y lire cette réflexion de Victor Frankenstein : *« L'être que j'avais déchaîné parmi les hommes, ce démon doué de la volonté de détruire et de la puissance de réaliser ses projets horribles, telle la mort qu'il venait de donner, je le considérais comme mon propre vampire, mon propre fantôme sorti de la tombe, et contraint de détruire tous ceux qui m'étaient chers. »*
Avec le film *Le Mort qui marche* dans lequel Boris Karloff fait une interprétation géniale de la souffrance d'un homme simple exécuté à la place d'un autre, les histoires de Lovecraft et de Stevenson prennent un tournant qui aboutit à *La Nuit des morts-vivants* de Romero. En

effet, on trouve dans *Le Mort qui marche* (film de Michael Curtiz de 1936), trente-deux ans avant le film de Romero, tous les ingrédients du film d'horreur moderne. Le cadre n'est plus gothique, mais moderne : l'Amérique des gangsters des années trente et les morts reviennent pour consommer les vivants (vengeance dans le film de Curtiz alors que l'action du second film de la trilogie de Romero, *Zombie le crépuscule des morts-vivants*, se déroule dans un vaste centre commercial abandonné).

Mais, il y eut d'autres créatures créées par l'homme dans d'autres chefs-d'œuvre de la littérature et du cinéma. *Le Golem*, légende juive mise en littérature par Gustav Meyrink fit l'objet de nombreux films. Cette créature est réalisée par l'homme grâce à l'assistance du diable avec de la simple argile. Bien sûr, le danger est qu'elle prenne son autonomie. Le thème commun à toutes ces histoires c'est le "moteur" de l'œuvre littéraire dont parlait Stephen King. Du robot de *Metropolis* en passant par l'ordinateur qui se révolte dans *2001 L'odyssée de l'espace* et le robot de *Mondwest*, jusqu'aux réplicants de *Blade Runner,* l'homme réfléchit sur l'autonomie que peut (doit) prendre la créature vis-à-vis de son créateur. L'Homme n'est-il pas la créature de Dieu ?

Enfin, les légendes et pratiques Vaudou ont inspiré nombre de films comme *Vaudou* de Jacques Tourneur, *L'emprise des ténèbres* de Wes Craven, qui traitent des zombies, esclaves produits par des rites qui ressuscitent les morts. En réalité, il semblerait que cette pratique existe réellement : elle consiste à administrer à un vivant un produit qui le jette dans la plus complète léthargie semblable à la mort et, une fois sorti de sa sépulture et remis en activité, ne sait plus qu'obéir à celui qui lui donne des ordres...

Dracula et les vampires

Voici comment le célèbre Eliphas Lévi traite des vampires dans son traité *Histoire de la Magie*, édité en 1859 : « *Les personnes enterrées vivantes ne peuvent [...] avoir sous terre que des réveils rapides et de peu de durée, elles peuvent toutefois y vivre longtemps conservées par la lumière astrale dans un état complet de somnambulisme lucide. Leurs âmes alors sont sur la terre encore enchaînées au corps endormi par une chaîne invisible, alors si ce sont des âmes avides et criminelles, elles peuvent aspirer la quintessence du sang des personnes endormies du sommeil naturel, et transmettre cette sève à leur corps enterré pour le conserver plus longtemps dans l'espérance vague qu'il sera enfin rendu à la vie. C'est cet effrayant phénomène qu'on appelle le vampirisme, phénomène dont la réalité a été constatée par des expériences nombreuses aussi bien attestées que tout ce qu'il y a de plus solennel dans l'histoire.*

« [...] Il existe encore un grand nombre de procès-verbaux sur l'exhumation des vampires. Les chairs étaient dans un état remarquable de conservation, mais elles suintaient le sang, leurs cheveux avaient cru de manière extraordinaire et s'échappaient par touffes entre les fentes du cercueil. La vie n'existait plus dans l'appareil qui sert à la respiration, mais seulement dans le cœur qui d'animal semblait devenir végétal. Pour tuer le vampire, il fallait lui traverser la poitrine avec un pieu, alors un cri terrible annonçait que le somnambule de la tombe se réveillait en sursaut dans une véritable mort.*

« Pour rendre cette mort définitive, on entourait la tombe du vampire d'épées plantées en terre la pointe en l'air, car les fantômes de lumière astrale se décomposent par l'action des pointes métalliques qui, en attirant cette lumière vers le réservoir commun, en détruisent les amas coagulés. »

Le prêtre défroqué Alfred Charles Constant, dit Eliphas Lévi fut admiré par André Breton et les surréalistes.

On voit qu'il traite de cas de vampirisme (à partir des théories de l'occultisme) bien avant que Bram Stoker n'en parle. On sait que ce dernier fut membre de la Golden Dawn, société initiatrice au sein de laquelle il put accéder à certaines informations et documentations. D'autres grands de la littérature fantastique furent membres de cette société secrète : Arthur Machen et Algernon Blackwood. L'occultisme ne fut donc pas étranger à la culture et aux pratiques de ces écrivains.

Le mythe du vampire est très ancien. Tournefort, cité par Eliphas Lévi, rapporte dans son *Voyage au Levant* : « *Des peuples du nord les appellent Vampires ; les Grecs les désignent sous le nom de Broucolaques.* »

Ce phénomène a certainement pour origine le fait que l'on enterrait parfois des gens vivants, les croyants morts. Ils se réveillaient enterrés vivants et faisaient alors beaucoup de bruit dans leurs cercueils. Lorsqu'on les déterrait, on les découvrait pleins de sang (des blessures qu'ils se faisaient en tentant de sortir) et très bien conservés par la force des choses. Le phénomène prenait de graves proportions lors des épidémies, car on enterrait alors les gens promptement pour éviter la contamination...

Certaines traditions, vécues comme macabres par un spectateur non averti, consistaient à vérifier la vraie mort du défunt. Ainsi, les mariniers du Rhône descendaient dans le trou et frappaient violemment sur le cercueil en poussant des cris effroyables, puis sortaient pain et vin et cassaient la croûte dans la tombe...

D'ailleurs, n'est-ce pas étonnant qu'une légende rhodanienne raconte l'histoire du Drac, dragon vivant au fond du fleuve et qui enlève les femmes dont le lait seul peut ressusciter son enfant mort... Or, nous verrons que Drac signifie dragon en... roumain.

À l'origine, il y a les légendes arabes des goules qui ne sont pas vraiment des vampires, mais des êtres surnaturels qui dévorent les cadavres et parfois les vivants. C'est en parlant de ces goules que Lovecraft utilise le mot de vampires dans *Démons et merveilles* : « *Créatures carnivores au visage de chien (et aux) formes affaissées* » (*À la recherche de Kadath*).

Mais les vrais vampires ont été inventés au XVe siècle aux confins de la Hongrie et de la Roumanie. C'est là, en Transylvanie, que les plus grandes épidémies de vampirisme ont été recensées dans le passé... Cette province était dirigée par un voïvode, gouverneur de Hongrie, Jean Hunyadi. Les deux autres provinces, la Valachie et la Moldavie, constituaient le dernier rempart du christianisme face à l'invasion ottomane. Vladislas III (Vlad), voïvode de Valachie, opposait une résistance farouche à l'envahisseur. Vlad III avait été fait chevalier du dragon : Vlad Dracul (Drac, signifiant dragon en roumain). Emprisonné par les Turcs, c'est son fils, Vlad IV qui lui succéda sur le trône. Vlad Dracula, le suffixe « a » signifiant « fils de ». Ce noble guerrier, juste, mais dur, mena une guerre féroce contre l'envahisseur turc. Il utilisa copieusement une méthode de supplice très répandue en orient à cette époque : le supplice du pal, d'où son surnom de Vlad Tepes, Vlad l'empaleur. Il n'était pas vraiment bien vu par le roi de Hongrie, Mathias Corvin, fils de Jean Hunyadi, qui l'apprécia d'abord pour sa lutte contre l'envahisseur, puis ensuite le vit comme un obstacle à ses vues sur les provinces roumaines. Ce souverain amplifia les légendes servant à dé-

nigrer, pour des raisons politiques, ce personnage fort controversé. « *C'est ainsi que naquit
la légende noire, reposant sur les sources
germano-hongroises, du monstre sanguinaire
festoyant parmi les empalés, imaginant des
supplices aussi raffinés que gratuits, torturant
et tuant dans le plus bel arbitraire.* » (Jean
Gœns, dans *Loups-garous, vampires et autres
monstres*)

Cette propagande politique déploya également
la légende selon laquelle Vlad Dracula (mort
en 1476 dans une embuscade) aurait signé un
pacte avec le diable qui en fit un vampyr après
sa mort. Le mot Dracul signifie également
diable en roumain et vampire en moldave. Et
voilà ! La légende a pour origine une affaire
politique !

L'écrivain français Huysmans consacre son
livre *Là-Bas* (1891) à un terrible personnage,
Gilles de Rais, en qui il voit un véritable vampire. Gilles de Rais (1400-1440) fut compagnon d'armes de Jeanne d'Arc, puis, retiré
dans ses domaines de Machecoul et Tiffauges,
il s'adonna aux sciences occultes et surtout à
l'alchimie. Il crut alors trouver dans le sang le
secret de la pierre philosophale. Trois cents
enfants seront les victimes de ses "recherches", alibis de ses perversités.

Un autre personnage de la même région que
celle de Dracula, la Transylvanie, a défrayé la
chronique vampirique : la comtesse Erzebeth
Bathory (1560 – 1614). Cette femme, d'une
famille noble comprenant, aussi bien dans ses
aïeux que dans ses contemporains, nombre de

dépravés et brutes sanguinaires, a eu une nourrice, Jo Ilona, qui pratiquait sortilèges et magie noire. Elle deviendra son âme damnée. Le blason des Bathory comprenait : trois dents de loup, un croissant de lune, un soleil en forme d'étoile à six pointes, le tout entouré d'un dragon qui se mord la queue. Leur qualité de noble les autorisait au pouvoir de vie et de mort (même dans d'atroces souffrances) sur la piétaille. D'où les messages politiques que certains auteurs mettent dans leurs histoires de vampires. À son mariage, Erzebeth s'installa chez son mari (Férencz Nàdasdy, Héros noir de la Hongrie), au château de Csejthe, pays réputé hanté de fantômes, vampires et loups-garous. Un jour, alors que son guerrier de mari était à la guerre, elle reçut la visite d'un homme pâle habillé de noir. Les habitants des lieux crurent à un vampire... Elle s'absenta en sa compagnie de longues semaines. Elle devient veuve en 1604. Un jour, elle avait frappé violemment une servante au visage. Du sang coula sur son bras. Elle s'aperçut alors que la peau, à cet endroit, avait rafraîchi. Elle se baigna alors le visage avec le sang d'une des victimes de ses orgies sadiques et ce traitement la rajeunit et la vivifia. Ses servantes (de véritables sorcières) ramenaient au château d'innocentes jeunes filles qu'elles sacrifiaient horriblement au sadisme de la comtesse. Ce personnage a dû également inspirer Bram Stoker. La comtesse semblait utiliser la *Vierge de Fer*, automate monstrueux qui enserrait ses victimes entre ses bras acérés en faisant couler le sang. Et Stoker a fait de cet automate, qu'il nomma La Vierge de Nuremberg, le personnage principal d'une de ses nouvelles, *La Squaw*. La comtesse finit par être arrêtée, jugée (les minutes du procès montrent les sévices subis par ses victimes) et condamnée à être recluse dans ses appartements. Ses servantes furent décapitées. À sa mort, quatre ans plus tard, elle était restée d'une étonnante beauté...

Au XVIIIe siècle, l'abbé bénédictin Dom Augustin Calmet rassemble de nombreux témoignages dans son *Traité sur les apparitions des anges, des démons et des esprits et sur les revenants et vampires de Hongrie, de Bohème, de Moravie et de Silésie* (1746—1751). Ensuite, le docteur Van Swieten, rédigea, à la demande de l'impératrice Marie-Thérèse d'Autriche, un rapport médical sur les vampires (1755) ce qui montre à quel point ce problème préoccupait les autorités. Il y conteste l'existence de ces morts-vivants, montrant que les terreurs nocturnes des témoins étaient dues à leurs angoisses et hallucinations. Il conteste les rapports des commissions d'Olmütz qui ne comprenaient pas d'autorités médicales aptes à apprécier l'état des corps. D'autre part, la conservation des corps peut être un phénomène naturel dans certains sols ou dans des périodes de grands froids.

Avec les légendes de Vlad Tepes, Bram Stoker s'est inspiré de trois fictions littéraires pour écrire son *Dracula* : *Le Vampire* de John William Polidori (1819), *Varney le Vampire* de

James Malcom Rymer (1840) et le superbe *Carmilla* de Joseph Sheridan Le Fanu ((1872). Le XIXe siècle fut fort influencé par les histoires de vampires.

Polidori était le secrétaire de Lord Byron qu'il quitta d'ailleurs en 1817, ne pouvant plus le supporter. Sa nouvelle a été rédigée dans le cadre du pari qui avait conduit également Mary Shelley à écrire *Frankenstein*. Lord Ruthwen, le vampire libertin et débauché devait être une caricature de Lord Byron lui-même. Le vampire n'est plus alors le monstre hideux et malfaisant, mais un beau séducteur fascinant, même s'il est foncièrement mauvais. Polidori, qui inspirera Charles Nodier et Alexandre Dumas avec son vampire, aura fait entrer le romantisme dans la légende.

Varney est un feuilleton énorme dont le soustitre, *La Fête du sang*, exprime bien le contenu. *Carmilla*, dans une nouvelle, met en scène une femme vampire qui aime sa victime (une femme) dans une grande passion. Théophile Gautier avait déjà mis en scène une femme vampire dans sa nouvelle *La Morte amoureuse* (1836) : la belle Clarimonde, morte, mais amante, vampirise le prêtre Romuald.

D'autres écrivains ont été fascinés par les vampires. Prosper Mérimée traite de la question dans *Lokis* (1869) ; Gœthe, déjà, dans *La Fiancée de Corinthe* (1797) ; le grand Ernst-Théodor-Amadeus Hoffmann avec *La Vampire* (1828) ; Charles Nodier dans *Le Vampire de bien* (1831) ; Edgar-Allan Poe dans *Berenice* (1835) ; Gogol dans *Vij, le Roi des*

Gnomes (1835) ; Tolstoï dans *La Famille du Vourdalak* (1847) ; Alexandre Dumas dans *Les Mille et un fantômes* (1849) ; Robert Louis Stevenson dans *Ollala* (1855) ; Fritz-James O'Brien dans *Qu'était-ce ?* (1859) ; Lautréamont dans *Ton ami le vampire* (1868) ; Marcel Schwob dans *Les Striges* (1891). Un autre genre de vampire, psychique celui-là, est traité avec grand talent par Guy de Maupassant dans *Le Horla* (1885) et par Kipling, en plus terrifiant avec *Dans la Cité des morts* (1885). Le thème sera encore copieusement traité par les écrivains du début de notre siècle, comme Gustave Le Rouge dans *La Guerre des vampires* (1909) et Rosny Ainé dans *La Jeune vampire* (1920), jusqu'à nos jours. Lovecraft traite du vampirisme avec originalité dans sa très belle nouvelle *La Maison maudite* (1924) et dans son court roman *L'affaire Charles Dexter Ward* (1927).

Les contes populaires parlent aussi beaucoup de vampires sans les nommer : l'ogre du petit Poucet, par exemple, et surtout Barbe Bleue, magnifique allégorie, basée sur la curiosité des enfants envers les relations sexuelles de leurs parents. La tache de sang sur la clé ressemble étonnamment à la goutte de sang qui coule de la lance dans le château du roi Pêcheur de la légende du Graal.

D'ailleurs, les nombreux textes de la légende arthurienne sur la quête du Graal constituent les premières œuvres littéraires connues sur le vampirisme. Cette quête n'est-elle pas une quête du sang ? La scène célèbre du bol de sang (le Graal) et de la lance qui saigne dans le château du roi Pêcheur, alors que Perceval n'ose pas poser de question, est une scène d'offrande du sang pour accéder à l'éternité. Si Perceval ne pose pas de question, c'est qu'il se souvient des conseils de son maître en chevalerie : *« Il faut se garder de trop parler »*... Hélas ! Parler, questionner aurait sauvé de la malédiction le roi Pêcheur et son royaume, redonné du sang neuf au roi qui se saigne lentement. Un roman de ce cycle, *L'âtre périlleux*, montre une scène de vampirisme. Le chevalier Gauvain, neveu du roi Arthur, passe la nuit dans le Cimetière du Grand Péril. Assis sur une tombe, la pierre se met à bouger sous lui. Une belle jeune fille, très pâle, apparaît dans son cercueil. Dans le passé, le diable l'avait guérie d'un mal mystérieux et depuis, en échange : *« Il prenait de moi son plaisir chaque nuit, et chaque jour, je gisais seule dans ce tombeau ».* Voilà, (avant l'heure ?) une histoire qui ressemble diablement à une histoire de vampire.

Que contient le Graal ? Le sang du Christ que Joseph d'Arimathie a recueilli lors de la descente du corps de la croix... Or, le Christ a ressuscité. Donc, boire de ce sang rend éternel.

Voilà donc la question. La légende part des morts-vivants qui viennent hanter leurs proches, parfois les dévorer. D'abord, ce sont simplement des monstres. Puis, ces non-morts étant éternels, il faut bien y trouver une explication merveilleuse. La quête du Graal l'apporte : le sang rend éternel. Ce sang est dans un chaudron (la féminité) et coule de la lance (la masculinité) ; le sexe entre également dans la légende du vampire grâce à la légende arthurienne. Puis, une sombre affaire politique développe ces thèmes à propos d'un chef de guerre et seigneur de Valachie. Nous arrivons ainsi à Dracula.

Terreur de la mort, christianisme et légende du Graal, personnages historiques terrifiants, tous ces ingrédients mélangés par l'écrivain dans le vaste chaudron de la création, donnent le mythe merveilleux du vampire. La fascination qu'il exerce a produit le mot « vamp », tiré de vampire, et qui désigne une femme dont l'attrait est irrésistible.

Voilà pourquoi on ne s'en lasse jamais : le mythe prend sa source au fond même de notre culture. Et c'est pourquoi le cinéma s'en est bien vite emparé.

Le premier film de vampires a été réalisé par Georges Méliès en 1896. Ce film s'appelait *Le Manoir du diable*. Puis, l'honneur viendrait aux Américains avec *The Vampire Dancer* d'Ingvald C. Oes en 1912 et *The Vampire* de Robert Vignola en 1913. Les Français ont également commencé tôt, en 1916, avec le feuilleton cinématographique de Louis Feuillade : *Les Vampires*, dans lequel, d'ailleurs, il n'y a pas à proprement parler de vampires. Voyons ce qu'en dit Louis Aragon dans *Projet d'histoire littéraire contemporaine* : « *Tout ce qui touchait proprement à la guerre, tout ce côté « Il-*

lustration », cet exhibitionnisme de l'horreur, nous répugnait si fortement que je ne crois pas mentir en disant que jamais la guerre ne fut loin des cœurs des jeunes gens qu'en ces jours qu'elle dominait les adultes. Ce qui nous attirait, c'était ce dont nous privait une morale imposée, le luxe, les fêtes, le grand orchestre des vices, l'image de la femme aussi, mais héroïsée, sacrée aventurière. Il y a un document précis de cet état d'esprit, c'est à lui que je veux en venir. L'idée que toute une génération se fit du monde se forma au cinéma, et c'est un film qui la résume, un feuilleton. Une jeunesse tomba toute entière amoureuse de Musidora, dans "Les Vampires".

« C'était l'œuvre d'un piètre metteur en scène, Louis Feuillade, qui s'est depuis cette époque signalé par la nullité de sa production. [...] Mais d'admirables acteurs, et le choix d'un sujet qui tombait par hasard à pic, à cette époque, firent de ce qui aurait pu être une platitude, l'une des épopées qui marquèrent, plus vivement que la Marne ou Verdun, l'esprit de quelques hommes. [...]... Voilà qui posait pour la première fois d'une façon grandiloquente et manifeste le problème intellectuel de la vie qu'on a voulu depuis réduire à quelques petits cas littéraires : Leibniz, Rimbaud ou Barrès. Il était facile de généraliser du cas de Moreno ou Irma Vep[7] à celui de

---

[7] L'actrice Marguerite Moreno, épouse de Marcel Schwob – Irma Vep, anagramme de vampire.

toute créature humaine : l'impossibilité d'éviter la catastrophe terminale. [...] Et pour
rendre plus exaltante cette constatation, cet
enthousiasme défendu, les journaux dénon-
çaient le cinéma "école du crime".
« À cette magie, à cette attraction, s'ajoutait
le charme d'une grande révélation sexuelle
»...

Cette longue citation d'un écrivain que l'on n'a
pas l'habitude de voir écrire sur ce thème
constitue une très bonne introduction à cette
réflexion sur le cinéma et les vampires. Car
que traite le film de vampire, sinon de sexe et
de mort ?

Après quelques autres films moins connus,
Murnau réalisa en 1922 son *Nosferatu*, film qui
fait l'objet d'une étude au chapitre *Zoom sur
des chefs-d'oeuvre*.

C'est en 1931 que commence la très grande
carrière de vampire du comédien Bela Lugosi,
désormais irremplaçable dans le rôle de Dracula. Le superbe réalisateur Tod Browning
voulait tourner *Dracula* avec son acteur préféré Lon Chaney, interprète célèbre du *Fantôme
de l'opéra* et de nombreux autres films de
Browning. Hélas pour lui, Lon tomba malade
d'un cancer des bronches, et, heureusement
pour lui, ce fut Bela Lugosi qui fut choisi. Bon
début de carrière pour un vampire ! D'autant
plus que ce Dracula-là fit une grande carrière
commerciale, débuts prometteurs du personnage. Il fut adapté de la pièce d'Hamilton
Deane, d'après le roman de Bram Stoker. Tod
Browning réalisa ensuite son fameux

Freaks (*La monstrueuse parade*), un des meilleurs films fantastiques que j'aie jamais vus (voir également au chapitre *Zoom sur des chefs-d'oeuvre*)...

Au début du parlant, Bela Lugosi, très bavard d'autant qu'il jouait déjà ce rôle au théâtre, interprète un vampire dandy et séducteur de ces dames. On connaît bien cette image du Dracula élégant et séducteur, d'une séduction mortelle (cela se lisait dans ses yeux...). Ce film de Browning est décevant, malgré le succès qu'il obtint auprès du public, contrairement à *Freaks*. L'histoire du roman de Stoker a été modifiée, car c'est Reinfield qui revient avec Dracula (Jonathan n'y va pas) et le comte est tué, le cœur percé, à Carfax Abbey : il n'y a donc pas de poursuite jusqu'en Transylvanie, le film de Murnau est passé par là... Avec ce rôle qu'il interpréta de nombreuses fois, Lugosi devint un mythe vivant. Si bien qu'on dit qu'à la fin de sa vie, il s'y crut et dormait seul dans un cercueil... Mais ce n'est qu'une légende. Revers de la médaille, ce grand acteur ne put se réaliser vraiment dans un autre rôle... Lugosi joua encore le vampire dans *La Marque du vampire* de Browning ; *The Devil Bat* ; Le retour du vampire ; etc. jusqu'à son dernier film en 1956 : *The Black Sleep*. Il meurt lors du tournage du film *Plan 9 from outer space* (1959) d'Ed Wood, film qualifié *« de plus mauvais film de l'histoire du cinéma »*. (Voir le film de Tim Burton : *Ed Wood* – 1994).

Dans ses débuts en Europe, il tourna dans *Der Januskopf* (1920), une adaptation par Murnau, du *Dr Jekyll et Mr Hyde* de Stevenson. On se souvient également de lui dans le rôle du docteur Mirakle dans *Double assassinat dans la rue Morgue* de Robert Florey (1932). Ce film, très librement adapté de la nouvelle d'Edgar Allan Poe, traite également de problèmes de sang. L'abominable professeur Mirakle enlève les charmantes jeunes filles pour leur transformer le sang afin qu'elles puissent s'accoupler avec un grand singe intelligent et faire des petits. À la fin du film, après la mort de l'affreux professeur, le singe emporte la jeune fille sur les toits. Introduction au célèbre *King Kong*, réalisé en 1933 par Cooper et Schœdsacki ?

Désormais, le comte Dracula commence une carrière grandiose. Mais, il n'est pas le seul vampire à posséder les écrans et l'esprit des spectateurs.

Dès l'année suivante, le *Vampyr* de Carl Dreyer (*Der Traum des Allan Gray* : *le rêve d'Allan Gray*) se place à la hauteur du *Nosferatu* de Murnau. Gray découvre le vampirisme dans un vieux château où l'a emmené un vieil homme mourant. *Vampyr* se regarde comme un cauchemar éveillé. Notons d'abord que le prénom du personnage principal varie : dans les versions anglaise et française, Gray se prénomme David, dans les versions allemandes et danoises, il se prénomme Allan, alors que dans le scénario, son prénom était Nikolas. C'est le premier film parlant de

Dreyer qui en attribue le scénario à deux nouvelles de Sheridan Le Fanu. Or, quand on connaît ces deux textes de l'écrivain irlandais, on
ne trouve pratiquement aucun rapport avec le
film ! Il ne fait aucun doute que ce film est
une totale création de Dreyer et de lui seul.
Alors pourquoi n'ose-t-il pas avouer que c'est
lui-même qui a inventé cette histoire ? Le cinéaste répondra lui-même, plus tard dans son
autobiographie : *« Avec Vampyr, je voulais
créer sur l'écran un rêve éveillé et montrer
que l'effroyable ne se trouve pas dans les
choses autour de nous, mais dans notre
propre subconscient. Si un événement quelconque a provoqué en nous un état de surex-
citation, il n'y a plus aucune limite aux inven-
tions de notre imagination ni aux interprétations insolites que nous conférons aux choses
réelles qui nous entourent. »* D'ailleurs
l'affirmation brutale de la censure de son sur-
moi sur son inconscient a conduit Dreyer, un
an après la sortie de son film, à une grave
crise psychologique nécessitant une hospitali-
sation psychiatrique. Cette analyse de l'œuvre
lui donne incontestablement le statut de fantastique, même si ce film d'épouvante ne nous
épouvante guère, mais nous dérange au plus
profond. Le flou qui met encore mieux en valeur le noir et le blanc, flou provenant d'un
mauvais tirage de la pellicule que Dreyer a
voulu néanmoins conserver, la bande-son qui
ne produit pas de rupture avec les films muets
précédents, l'ambiance onirique en fait un film
d'avant-garde selon la revue Film-Kurier de

l'époque qui ajoute : « *Dans le monde réel du récit, Dreyer fait entrer le sentiment de l'irréel, qui dissout l'espace et le temps. Il bat tous les surréalistes français.* » Cette incursion des images dans l'inconscient du spectateur le conduit, dans certains cas à une réaction violente de rejet, ce qui n'a pas manqué de se produire à la première sortie du film à Berlin en 1932.

En 1935, Tod Browning récidive avec *La Marque du vampire*. Des images très fortes dans un cadre très gothique font croire jusqu'au bout à l'existence du vampire qui hante les lieux avec sa fille, vampire elle aussi. Mais, tout cela n'était qu'un coup monté pour découvrir un assassin ! Quelle déception à la fin où l'on découvre que Bela Lugosi joue son propre rôle de... comédien qui joue le vampire. On sent que cette fin a été rajoutée, le scénario modifié au dernier moment. D'ailleurs, remarquez que la tempe du vampire porte une plaie sanglante. Le film n'explique pas que cette plaie est le résultat du suicide d'un père qui venait de tuer sa fille après l'avoir violée ! Ce père est devenu un vampire et sa fille aussi. Pourquoi cet épisode terrifiant du scénario n'a pas été retenu alors que le maquillage de l'acteur subsiste ?

Le cinéma américain a poursuivi sa production de films de vampires pendant la guerre, à raison de sept films. Le mort-vivant aux dents acérées continue à envahir les écrans sans laisser de grands souvenirs jusqu'à la très productive période anglaise de la Hammer

Films qui consacra un autre interprète célèbre de Dracula : Christopher Lee. Cette société de production fut fondée en 1950 par James Carreras et Anthony Hines, au départ pour la télévision. Leur premier film *Le Monstre*, très lovecraftien, raconte la mésaventure d'un astronaute revenu sur terre, seul survivant de l'expédition et se transformant petit à petit en monstre en absorbant toute matière vivante située à sa portée. Devant le succès du téléfilm, ils en firent un film pour le cinéma appelé : *X l'inconnu*. D'où l'idée d'occuper le terrain du fantastique dans le cinéma...

Terence Fisher réalisa en 1958 : *Dracula* (*Le Cauchemar de Dracula* en Français ; pourquoi le cauchemar ?) avec notre inimitable Christopher Lee. Suivi en 1961 des *Maîtresses de Dracula* toujours par T. Fisher et avec C. Lee, puis, en 1964, *Dracula prince des ténèbres*, toujours par le même et avec le même.

Ce dernier film commence par la fin de *Dracula* : il meurt lorsque son bourreau ouvre les rideaux du château pour laisser entrer la lumière (décidément, Murnau fut bien plus imité que Stoker en ce qui concerne la fin du vampire...) Puis, Van Helsing (ici un moine...) raconte comment les gens de la contrée combattent les vampires. Une jeune vampire est exorcisée par le pieu. Des voyageurs innocents passent par là. Une voiture vide les incite à y monter à la tombée de la nuit. Ils sont amenés au château de Dracula. Il est mort, soit ! Mais il suffit d'un peu de sang (beaucoup) versé dans son cercueil pour qu'il reprenne forme et... vie (si l'on peut dire !) Pour obtenir ce résultat, le domestique assomme un voyageur, le pend par les pieds au-dessus du cercueil et le saigne. On entend le sang couler à flots. Une forme se dessine et une main émerge de la caisse... Les aventures commencent. Reinfield, oublié dans le premier film (Christopher Lee le regrettait) fut introduit dans le scénario. C'est lui, recueilli dans un monastère, qui fera entrer le vampire et la jeune voyageuse vampirisée... Bref, le comte ne mourra, cette fois, ni par le pieu, ni par les rayons du soleil, mais par l'eau, car les balles tirées par le moine casseront la glace sur laquelle le vampire se tient ; il s'enfoncera dans l'eau claire des douves du château, ce qui, paraît-il, fait mourir les vampires. Tous les *Dracula* de la Hammer commencent par la fin du précédent, la mort du vampire, puis, ce dernier renaît...

Le Masque du démon (1960) de Mario Bava utilise une histoire de vampires comme prétexte à une angoissante péripétie gothique. (Voir au chapitre des chefs-d'œuvre)

En 1964, un film reprend l'idée du roman de Richard Matheson, *Je suis une légende* (*The last man on earth*) de S. Salkow. Le héros est le seul être humain restant sur la terre où tous les autres sont devenus des vampires. Puis, Roman Polanski semble tenter de clore définitivement la fiction du vampire au cinéma en le ridiculisant avec son *Bal des vampires* (1967). Ce projet (que je lui prête) est raté, mais le film est superbe !

Ensuite, nous entrons dans une période nouvelle avec le *Dracula* de John Badham, en 1979, avec Franck Langella dans le rôle du vampire charmant et séducteur. Cette fois, le bateau qui transportait son cercueil fait naufrage aux abords de Whitby. Dracula est sauvé par Mina qui le découvre, échoué sur la plage... l'histoire recommence. Les personnages sont tout inversés par rapport au roman : Lucy, la fiancée de Jonathan Harker, est la fille du docteur Seward et, Mina, première à être vampirisée (et exorcisée dans un souterrain du cimetière) est la fille de Van Helsing, personnage un peu ridicule. Le réalisateur semble vouloir jouer sur le complexe d'Œdipe pour mieux déranger. Frank Langella n'est pas très crédible en Dracula... Cette année-là, Werner Herzog réalise son *Nosferatu*.

Francis Ford Coppola, lui, déclare respecter le scénario du roman de Stoker avec son *Dracula* (1993). Il fait perdre tout mystère au mythe en apportant en début de film une explication sur l'état de vampire du comte dont il fait une victime, un amoureux vivant son éternel amour en non-mort éternel. Et, s'il s'intéresse à Mina, c'est qu'elle est la réincarnation d'Elisabeth, son premier amour (Coppola a-t-il choisi volontairement le même prénom que celui de la fiancée du docteur Frankenstein ?). Le romantisme y gagne, mais le fantastique y perd. On voit bien, dans ce film, l'influence d'un écrivain comme Fred Saberhagen qui a fait de Dracula un personnage positif, une victime et un justicier (*Un vieil ami de la famille*).

Le comte Dracula n'est pas le seul représentant de la gente vampire au cinéma. Nous avons déjà parlé de *Vampyr* et de *La Marque du vampire*, *Entretien avec un vampire*, en essayant de renouveler le genre, ne fait que l'affadir en un banal film d'action, enlevant tout mystère au vampire. Je préfère nettement un film plus ancien, le très beau *Aux Frontières de l'aube* (1981) de Kathryn Bigelow. Le jeune Caleb, par une chaude soirée de fin d'été, drague une belle jeune fille. Cédant à son insistance, elle l'embrasse et lui mord le cou *(« Quel baiser ! »* s'exclame-t-il subjugué...)*. Il deviendra donc un vampire, enlevé par une bande de vampires, horde sauvage qui tue pour vivre éternellement. Mais Caleb ne veut pas tuer. Il refuse son état de vampire. Dans une des premières scènes, inspirée du *Dracula* de Stoker, quand le comte dit à Jonathan : *« Vous les entendez ? Ce sont les enfants de la nuit... »*, la jeune vampire admire la nuit :

— *La nuit, elle est noire et elle brille... Elle va t'aveugler...*

— *Je ne vois rien, répond Caleb.*

— *Écoute ! Tu entends !*

— *Non, je n'entends rien du tout.*

— *Écoute bien ! Tu entends la nuit, c'est assourdissant !*

Très beau dialogue dont la noire poésie annonce la nature monstrueuse de la fille. À propos de ce film, on parle souvent du trucage de la scène de la combustion du jeune vampire. Je préfère mettre en avant la scène dans le bar qui devrait être inscrite dans l'anthologie du cinéma. Elle reprend le rock et la violence de *Graine de violence* (Richard Brooks – 1955) pour exacerber l'idée que ces vampires sont, comme certains délinquants, de véritables parasites qui se nourrissent de nous. Dans ce lieu clos, ce qui fait horreur, c'est que les victimes sont immédiatement averties de leur sort, inéluctable malgré leur volonté de lutter. Le remplissage du verre avec le sang de la serveuse égorgée, remplissage qui se fait pour une part hors champ, place bien le thème des vampires à notre époque moderne au cours de laquelle on boit dans un verre, même du sang. On peut être un tueur sauvage, mais être civilisé. Sévéren, le vampire en blouson noir, tee-shirt taché de sang et lunettes noires, avant de mordre le cou d'un consommateur du bar, déclare : *« Ah ! ça me dégoûte ces mecs qui sont pas rasés »*, puis croque la veine jugulaire, absorbe le sang et rote bruyamment. Cette scène du bar, composée de plusieurs plans-séquences, qui commence par un rythme lent pulsé par le rock des Comets, est une scène de pure terreur. Plus tard, une autre scène frappe les esprits. Les vampires craignent la lumière du soleil. Dans leur bungalow ils sont encerclés par la police qui tire, mitraille vers eux. Dans la chambre rendue obscure par les rideaux, les trous des balles lancent de multiples traits de lumière qui blessent cruellement les vampires alors qu'ils ne craignent pas les balles. Ce magnifique film est gâché par la fin un peu niaise... Happy end oblige ? *Vampires* de John Carpenter est de la même qualité. Je vous renvoie à ma critique dans le chapitre sur les films. Enfin en fin de siècle et début du troisième millénaire c'est le chasseur de vampires qui devient le héros du cinéma. Dans la série des *Blade,* le chasseur est lui-même demi-vampire et s'attaque à des races de vampires de plus en plus évoluées. Dans tous ces films, comme *Underworld* aussi, les combats sont très violents et très acrobatiques.

Les femmes vampires ont aussi enchanté les amateurs. D'abord, l'héroïne de Joseph Sheridan Le Fanu : *Carmilla* a été portée de nombreuses fois à l'écran, notamment par Roger Vadim dans : *Et Mourir de plaisir* en 1960 ; je n'ai pas vu le film n'étant pas spécialement attiré par ce cinéaste, même quand il traite du problème des vampires. Mais il y a aussi (de loin) *Vampyr* de Dreyer, *The Vampire Lovers* de R. W. Baker, etc. Rappelons que *Carmilla* fut une des sources d'inspiration de Stoker pour son *Dracula*.

Si le saphisme vampire peut exciter notre imagination, les horribles manies de la comtesse Erzébeth Bathory, véritable vampire humain qui a existé en... Transylvanie ont aussi inspiré le cinéma. En 1970, le cinéaste belge Harry Kumel s'inspira de la sanglante comtesse interprétée par la grande Delphine Seyrig, dans son film *Les Lèvres rouges*. Ce réalisateur a créé également un superbe film à partir du chef-d'œuvre de Jean Ray : *Malpertuis* (1972). *Les lèvres rouges* conte les exploits vampiriques de la comtesse. Il commence par une superbe scène d'amour dans un train-couchette et finit par la mort définitive de la comtesse, éjectée de sa voiture (cela se passe à notre époque, la comtesse étant parvenue jusqu'à nous grâce à son vampirisme) elle s'empale sur le piquet d'une clôture du bord de la route. Le réalisateur Borowczyk narre également ses aventures dans ses *Contes immoraux*.

Enfin, dans le domaine du vampire femme, ici irremplaçable avec sa beauté glaciale, Catherine Deneuve, dans *Les Prédateurs* de Tony Scott, joue plutôt avec David Bowie le rôle d'une "sérial killer" qui boit leur sang et mange ses victimes. (1983) Seule la fin est véritablement vampirique lorsqu'on s'aperçoit que tous les compagnons de la vampire, depuis des siècles et des siècles, ne cessent de mourir, infiniment, dans de nombreux cercueils empilés dans le grenier. David Bowie y était déjà installé lorsque la nouvelle compagne de la vampire (Sarah, médecin qui lutte, justement, contre le vieillissement...) le rejoindra dans l'agonie éternelle. Les premières images du film montrent deux singes qui se dévorent vivants... *Innocent Blood* présente une gentille vampire (interprétée par Anne Parillaud) en lutte contre une bande de gangsters-vampires et leur chef qu'elle a elle-même vampirisé (1992).

Werner Herzog a fait des émules dans l'allégorie politique à partir de l'action du vampire. En 1972, l'allemand H. W. Geissendorfer réalise : *Jonathan (le dernier combat contre les vampires)*. Là, Dracula est carrément assimilé à Hitler. Les premières scènes montrent la perquisition grossière des agents du vampire chez un opposant, manières assimilables à celles de la Gestapo. Le nazisme n'avait-il pas fasciné certains par son sadomasochisme (voir le film *Portier de nuit*) ? Le film de Paul Morrissey, *Du Sang pour Dracula* (1974), lance également un message politique. Le comte Dracula, fatigué et usé, ne peut survivre qu'en suçant le sang des vierges. Il se rend en Italie (où il croit qu'elles sont plus nombreuses) et s'installe dans une famille dont la mère veut lui offrir une de ses filles en mariage. Hélas ! le domestique de la maison, un beau jeune homme (d'opinion nettement communiste), les a toutes déflorées... Et, finalement il exécutera Dracula, mettant ainsi fin au règne du saigneur...

Le cinéaste canadien David Cronenberg renouvelle complètement le mythe avec son film *Rage* (1976) dans lequel une jeune femme qui a subi une greffe de la peau et une transfusion sanguine se transforme physiquement et ne peut que se nourrir de sang à l'aide d'un appendice nouveau qui lui a poussé sous le bras et qui ressemble à un phallus... Elle pompe le sang de ses victimes en les serrant dans ses bras... En le faisant, elle leur transmet une rage contagieuse. En parlant de son film, David Cronenberg a déclaré : « *Je me souviens avoir vu le Dracula de la Hammer quand j'étais gosse. Ils avaient accentué à fond les éléments sexuels... J'étais très ému par cette découverte. »*

L'actualité politique, dans la fin des années quatre-vingt, se chargea de remettre sur scène le pays des vampires. Les évènements de Roumanie de l'hiver 1989 :l'effondrement d'un régime épouvantable, les scènes (aujourd'hui nous savons qu'il s'agissait, justement, de mise en scène) des cadavres de Timisoara, l'exécution médiatisée des époux Ceausescu, tout cela, par l'intermédiaire du petit écran de la télévision, a remis au goût du jour les histoires de vampires, car ces images étaient vues au travers de l'inconscient collectif porteur du Dracula, "autorité" (un comte, un seigneur, un saigneur) qui pompe notre énergie psychique, Ombre Jungienne du Moi. Cela me rappelle une pitoyable tentative allant dans ce sens avec un film télé réalisé par Stuart Gordon, *La Légende des ténèbres* (1989), dans lequel joue Anthony Perkins. L'action se passe en Roumanie, sous le régime de Ceaucescu. Les vampires sont installés dans les caves d'immeubles de Bucarest. Ils ne sucent pas le sang en perçant les veines avec leurs dents, mais avec l'extrémité de leur langue... La peste brune est devenue rouge.

Puis, il nous faut bien aussi en parler, nous avons du mauvais : en 1986, Tobe Hooper réalise *Les vampires de Salem* d'après un roman de Stephen King (le vampire est carrément copié sur Nosferatu...) ; du bien meilleur avec, en 1987, *Vampire vous avez dit vampire* ? de Tom Holland et sa suite réalisée en 1988.

The Addiction (1996) d'Abel Ferrara, mets le discours philosophique au service du vampirisme dans un film en noir et blanc, mais pas un noir et blanc contrasté comme dans les films expressionnistes, un noir et blanc tout en grisailles comme *Vampyr* (1932) de Carl Th. Dreyer.

Enfin, nous avons pu nous régaler avec *Vampires* (1997) de John Carpenter, *Blade* (1998) de Stephen Norrington (et ses suites), *Underworld* (2003) de Len Wiseman, *Van Kelsing* (2004) de Stephen Sommers.

Le vampire est un mort-vivant, il y a donc toutes les histoires de morts-vivants... Aucune n'a encore égalé le fameux film (aujourd'hui mythique) de George Romero : *La Nuit des morts-vivants*, réalisé en 1968 (voir chapitre des chefs-d'œuvre). On s'éloigne des vampires, mais c'est un très grand film en noir et blanc. Lors de la séance au CNP de Lyon où je suis allé le voir à sa sortie, j'y ai vu un vampire parmi les spectateurs : un homme, les yeux exorbités, voyait ce film pour la septième fois ! Alors qu'à moi, il était apparu comme insoutenable la seule fois où je l'ai vu. (Je me suis endurci depuis...)

Enfin, il y a les films dans lesquels on parle de vampires ou de quelque chose d'approchant comme dans *Histoires de fantômes chinois,* très beau film chinois. Dans *Predator*, le monstre invisible qui extermine les soldats dans la jungle n'est-il pas un peu vampire ? Et le psychiatre cannibale du *Silence des agneaux*, magistralement interprété par Anthony Hopkins (qui interprétera Van Helsing dans le Dracula de Coppola), n'est-il pas également un vampire ?

HOFFMANN
Les Elixirs du Diable
roman

Texte français
par
Madeleine Laval

Phébus

Les origines du fantastique

Le fantastique et le merveilleux prennent leur source dans la société de l'homme primitif qui ignorait tout du monde dans lequel il vivait et dont nombre de manifestations pouvaient être terrifiantes. Le fantastique est né à partir de la sensualité humaine, particulièrement de la vue. La terreur de l'inconnu est à l'origine des traditions païennes, des mythes et légendes. On comprend ainsi cette nouvelle et moderne appellation du fantastique : la terreur, car notre inconscient s'est formé au début de notre vie au cours de laquelle notre âme primitive a engrangé les mêmes peurs. Puis, des religions ont réussi à proposer une explication cohérente et globale du monde. La terreur s'est rationalisée et mise au service d'une idéologie et d'un certain type de société. Mais, comme le paganisme fut coriace, cet imaginaire primitif se perpétua dans la tradition orale des contes, tradition qui fut, à la fois une lutte contre le christianisme et sa perpétuation...

Le roman de la quête du Graal, les textes de Chrétien de Troyes, Robert de Boron, Païen de Maisières, Raoul de Houdenc, Jean Froissart et beaucoup d'autres restés anonymes, ces contes de la légende arthurienne se situent au Moyen Âge, longue période où, en occident, réapparaît le triptyque fonctionnel de cette société défini par Georges Dumézil : « *Ceux qui prient, ceux qui se battent, ceux qui travaillent* ». Ils s'appuient sur un support parfaitement défini : l'imaginaire médiéval qui a toujours lutté, dans un premier temps, contre le carcan des dogmes religieux de l'Église et, ensuite, contre celui, tout aussi contraignant, du rationalisme des lumières. L'imagination ne voulait pas se trouver mutilée par un utilitarisme idéologique, religieux, voire même scientifique. Les traditions populaires ont éprouvé les mêmes difficultés, elles ont mené cette même lutte avec les contes de cette tradition de l'imaginaire. Il fallait donc se libérer des restrictions du christianisme triomphant tout en conservant de ses enseignements les thèmes les plus féconds pour l'imaginaire, comme celui de la lutte du Bien contre le Mal. Pour cela, quoi de plus simple que de s'inspirer des grands textes classiques d'aventures épiques : la Bible, l'Odyssée, les Mille et Une Nuits... textes dont la légende arthurienne est bien une synthèse. Danielle Régnier-Bohler rappelle dans sa préface à l'édition *Bouquins* de la légende arthurienne que Jean Bodel affirmait qu'il existait trois « *matières* (à cette légende) *: celle de France, de Bretagne et de Rome la Grande ».* Et, elle ajoute, un peu plus loin : « *Le mythe du Graal* (est) *le vestige d'un monde archaïque peu à peu christianisé.* »

D'ailleurs, le mot « merveilleux » appartient au vocabulaire médiéval, comme le souligne Jacques Le Goff dans son ouvrage *L'imaginaire médiéval*. Ce merveilleux moyenâgeux est chrétien, et en tant que tel se cristallise dans le miracle qui, en fait, le restreint. Pour trois raisons définies par Jacques Le Goff : d'abord, parce que l'Église ramène le merveilleux à un seul auteur : Dieu ; ensuite, parce qu'elle le réglemente par le contrôle et la critique du miracle ; enfin, parce qu'elle le rationalise : à l'imprévisibilité, fonction essentielle du merveilleux, elle substitue une orthodoxie du surnaturel. Mais l'imaginaire, même transmis par une tradition orale, reste tenace. Ainsi, les récits chrétiens de voyages dans l'au-delà sont enracinés dans trois traditions *: « 1) Une tradition antique de récits de descente aux enfers dont les deux bornes sont d'une part les récits du jugement d'un héros égyptien par le roi des Enfers, Nergal, et surtout les voyages infernaux de héros assyro-babyloniens, Our-Nammou, prince d'Our, puis Enkidou, dans l'épopée de Gilgamesh, et d'autre part la célèbre descente aux enfers d'Enée dans l'Hadés au VIème livre de l'enéide de Virgile. 2) Les récits de voyage dans l'au-delà de l'apocalyptique judéo-chrétienne, entre le deuxième siècle avant l'ère chrétienne et le troisième siècle après (production prolongée par des versions grecques et latines de textes hébreux, syriaques, coptes, éthiopiens, arabes). 3) Des récits « barbares » – surtout celtes, et plus particulièrement irlandais – de voyages dans l'autre monde. »* (Jacques Le Goff)

Danielle Régnier-Bohler le rappelle : « *La société médiévale a tiré parti d'un fonds ancien, en l'imprégnant de ses propres structures mentales et imaginaires ; [...] les instances*

ecclésiastiques ont réussi à entraîner un mou-
vement de christianisation des héritages
païens. [...] Le conte merveilleux médiéval,
dans sa brièveté, peut éclairer l'agencement
tantôt savant, tantôt abrupt qui en est fait
dans les récits (de la légende arthurienne). »
Le conte de fées est également constitutif de
l'imaginaire médiéval. De nombreux auteurs
ont cherché à déterminer une morphologie du
conte populaire. Ainsi le folkloriste russe Vla-
dimir Propp, dans son ouvrage *Les racines his-*
toriques des contes merveilleux, considère ces
derniers comme une superstructure dans laquelle on peut retrouver les régimes sociaux
qui les ont produits. Il affirme ainsi que le
conte transforme le terrible et le sacré en grotesque héroï-comique. Un exorcisme des terreurs de l'inconnu... Propp, en publiant ensuite *Morphologie du conte*, inaugure le vaste
champ des recherches structurales définissant
les motifs décomposables des contes merveilleux en espérant les classer selon leur struc-
ture. Il propose alors une liste de fonctions et
de personnages du conte. D'autres spécialistes
poursuivront ou contrarieront son analyse. Le
folkloriste américain Alan Dundes, dans son
ouvrage North American Indian Folktales, a
essayé d'appliquer l'analyse de Propp aux
contes amérindiens, dont le merveilleux a fortement influencé les auteurs de Fantasy américains. Ensuite, le Français Claude Bremond,
dans ses ouvrages *Logique du récit* et *Les*
bons récompensés et les méchants punis.
Morphologie du conte merveilleux français,

tente de proposer un modèle permettant d'analyser et de classer les contes selon des critères formels. Puis, la théorie psychanalytique de Freud permet de lister les fantasmes mis en scène dans les contes populaires : fantasmes de retour au sein maternel, de destruction du sein maternel, de sevrage, de naissance, de la « scène primitive », du « roman familial », de séduction, de castration... L'interprétation du rêve permet de monter la mise en scène des contes qui utilise les mêmes systèmes que produit l'inconscient : dramatisation, déplacement, condensation, représentation par symbole dont Freud reprend une liste et les relie à des principes ou organes physiques de la sexualité. Nombre de ses disciples ont ensuite poursuivi son œuvre. Jung, avec son analyse de l'inconscient collectif et des archétypes qui en découlent, a apporté une contribution très importante dans ce domaine. J'insisterai un peu sur Bruno Bettelheim qui, avec son ouvrage *Psychanalyse des contes de fées*, prend ardemment la défense des contes de fées en montrant que ceux-ci apportent à l'enfant un enseignement fondamental sur le psychisme. Michèle Simoson le souligne dans son *Que sais-je ?* sur *Le conte populaire français* : « *Loin de traumatiser les enfants comme on le croit communément, ils les rassurent au contraire, en leur montrant que leurs propres fantasmes, de loin aussi violents, ne sont ni uniques ni monstrueux.* » C'est le même mécanisme que la séduction produite par une personne affichant des manifestations sympathiques (et solidaires...) de névrose... Bettelheim rend compte de certains épisodes, personnages et motifs récurrents dans les contes : départ du héros, l'adversaire (le loup, l'ogre, la sorcière...), le cadet simplet, la fiancée substituée, le donateur, mariage et montée sur le trône. Ainsi, l'auteur analyse les contes des *Mille et une nuits*. Il annonce d'emblée : *« Le cycle des Mille et une nuits commence [...] par une histoire où quelqu'un échappe à la mort en racontant des contes de fées »* et *« Il faut près de trois ans de récits ininterrompus pour que le roi se libère de sa profonde dépression, pour qu'il achève sa **cure*** (souligné par moi...) *»*. Voilà clairement exprimée la fonction de catharsis des contes merveilleux. Schéhérazade est donc sauvée de la mort, annoncée par le roi qui déteste les femmes, en lui racontant *« une histoire si captivante qu'il voudra en écouter la suite et, pour cette raison, épargnera la vie de la jeune femme »*. Ainsi, selon Bettelheim, les contes de fées se classent en deux grandes catégories : ceux qui expriment le besoin d'une intégration intérieure (*Les Mille et une nuits*) et ceux qui aident à résoudre le conflit œdipien. Et quoi de meilleur pour la solution de ce dernier problème que *« le chevalier en armure étincelante et la demoiselle en détresse »* ? Et, oh bonheur ! Bruno Bettelheim cite plusieurs fois Tolkien. Voici l'une de ces citations qui peut constituer une conclusion de cette analyse des contes de fées : *« Je ne désirais pas du tout avoir les mêmes rêves et les* mêmes aventures qu'Alice, et quand on me les racontait, j'étais amusé, c'est tout. Je n'avais guère envie de chercher des trésors enfouis et de me battre avec des pirates, et L'île au trésor me laissait froid. Mais le pays de Merlin et du roi Arthur valaient beaucoup mieux que cela, et, par-dessus tout, le Nord indéterminé de Sigurd et du prince de tous les dragons. Ces contrées étaient éminemment désirables. Je n'ai jamais imaginé que le dragon pût appartenir à la même espèce que le cheval. Le dragon portait visiblement le label "Conte de Fées". Le pays où il vivait appartenait à "l'autre monde"... J'avais un désir très profond de dragons. Évidemment, dans ma peau d'enfant timide, je n'avais pas la moindre envie d'en avoir dans le voisinage ni de les voir envahir mon petit monde où je me sentais plus ou moins en sécurité. »

Le fantastique existe parce que certains créateurs ont voulu lutter contre la dictature du rationnel, dictature ennemie du rationnel lui-même, particulièrement au dix-neuvième siècle qui fut celui de l'essor de l'industrie, essor basé sur le développement des sciences et des techniques, qui fut, en conséquence, celui de la bourgeoisie triomphante. D'où le renouveau du fantastique et du merveilleux.

Et qu'en est-il de la violence ?

Les romans du Graal en sont pleins : combats dont on profite de la description détaillée des mutilations et du sang, véritable ordre des choses du Moyen Âge, comme de la mort qui côtoyait quotidiennement les vivants. Les contes enfantins en sont pleins également : meurtres, cannibalisme, épouvante. Cette violence, et la mort qui en est la conséquence apparaissent crûment au cinéma dans les années soixante. Le film culte *La Nuit des morts-vivants* (1968) en est l'expression la plus pure, en même temps que le genre *gore*. Un autre genre, le *western spaghetti,* qui naquit également dans la même période sans être vraiment fantastique, fait partie de la bande en quelque sorte, par les thèmes utilisés, la quête décrite et la lutte entre le bien et le mal. Après s'être essayé dans le péplum (*Le Colosse de Rhodes*, 1960), Sergio Leone a poursuivi sa quête de l'imaginaire dans une nouvelle vision parodique du western : très violent, des héros complètement typés, une quête déterminée dès le début de l'action et la lutte entre le bien et le mal. La tentative du cinéaste n'est-elle pas de constituer l'équivalent des légendes médiévales pour l'Amérique qui ne possède pas de Moyen Âge dans son histoire ? N'est-il pas caractéristique que tous ces films ne parlent jamais des Indiens ? Le premier western *Pour une poignée de dollars* (1964), signé dans un premier temps avec un pseudonyme, Bob Robertson (il était difficile de commercialiser un western dont l'auteur est Italien...), est carrément inspiré du *Roméo et Juliette* de Shakespeare ; puis la suite *Et pour quelques dollars de plus* (1965), est une histoire de vengeance et, enfin : *Le bon, la brute et le truand* (1966), représente la trilogie parfaite du genre *Fantasy* en littérature, synthèse de tous les thèmes de l'aventure et de la terreur, héritier des contes populaires européens, que seul un Européen pouvait intégrer dans son œuvre, car, ne l'oublions pas, Sergio était Italien... Cette œuvre géniale comprend tous les ingrédients de la *Fantasy* : chevaliers modernes armés de revolver, aventuriers qui se déplacent dans le cadre d'une guerre meurtrière ; quête d'un trésor enfoui dans un cimetière, aventures frisant le fantastique (et, du moins traité comme tel), combats singuliers, chevauchées, etc. Puis, sans doute complètement en accord avec lui-même sur cette intégration dans le western de la *Fantasy* inspirée des contes merveilleux, tous ses titres suivants comprennent l'expression, *Il était une fois*... : ... *dans l'Ouest* (1968), bien sûr... *la Révolution* (1970) et... *en Amérique* (1983) ensuite. Dommage, notre cher Sergio est mort avant d'avoir pu terminer son œuvre... Toujours dans le domaine du western spaghetti ; le terrible film *Le Grand silence* (1968), réalisé par Sergio Corbucci, avec Klaus Kinski et Jean Louis Trintignant, est l'aboutissement de cette recherche de l'adaptation du western à la *Fantasy*, en la retournant sur elle-même, car dans ce film, le mal triomphe du début à la fin... Nous avons vu que le premier film de Sergio Leone était inspiré de Shakespeare. Or, le roman gothique, mise en scène de l'abolition de la dictature des « *Barons* » et des « *Moines* », est directement inspiré des œuvres de ce grand dramaturge. Tout cela nous amène au débat qui commença entre Voltaire et Walpole, auteur du premier roman gothique : *Le Château d'Otrante* (1794), débat qui se poursuivit lors de la rupture entre Huysmans et Zola, le premier abandonnant le naturalisme cher au second, naturalisme qui équivaut, au cinéma, au néoréalisme. Ainsi, dans sa préface au roman d'Huysmans *Là-Bas*, Yves Hersant récuse à la fois *« ceux qui s'obstinent à nier le mystère comme les naturalistes à la Zola »* [...] *et « ceux qui le récupèrent et le régentent comme les occultistes européens »*. Cela nous renvoie également aux débuts du cinéma lorsque Lumière et Melies tracèrent les deux voies, celles de la fiction et celle du documentaire... Dans son ouvrage *Le Roman gothique anglais*, Maurice Lévy souligne avec pertinence que ce genre littéraire *« relève de cette faculté tant décriée pendant l'âge classique : l'imagination. (…) Tout gothique relève d'une imagination fantastique ou grotesque, toute œuvre d'imagination est plus ou moins gothique [...] à l'image des gargouilles fantastiques, grylles multicéphales, dragons ailés de l'art médiéval »*. Et on pourrait également montrer comment les guerres de la chrétienté contre le monde arabe engendrèrent ces récits fantastiques que sont les romans médiévaux. Le roman gothique est toujours lié à l'architecture du même nom, comme le souligne M. Lévy à propos du roman *Le Château d'Otrante* : *« Œuvre d'un aristocrate érudit [...] (elle) est d'abord la transcription, sur le mode littéraire, d'un thème architectural. »*

D'autre part, le même auteur affirme : « *L'histoire du roman gothique sera celle d'un progressif retour à la mentalité bourgeoise, pour ne pas dire populaire, comme aussi à une certaine sensibilité féminine.* » Pour clore ce débat, citons Paul Eluard qui s'exprimait ainsi dans sa préface au roman de Walpole : « *Seuls immortels, les désirs vont leur chemin, malgré d'extraordinaires obstacles, malgré les rideaux du sang et les miroirs vides, la nature exclue, l'existence approximative, la vue inutile, les ancêtres vomis par l'enfer, malgré la peur, l'héroïsme, la férocité, malgré le marbre des tombeaux et des squelettes, les désirs sans cesse au fil de la mort, cherchent à briser avec l'imaginaire.* »

Quand, comment, et qui est passé d'une manière subtile du roman gothique au roman fantastique contemporain (qu'il soit du genre fantasy ou non), et, d'une manière générale, à la terreur moderne ? Il est évidemment difficile de répondre de manière exhaustive à cette question cruciale. Mais, je voudrais tenter au moins de l'illustrer par un exemple.

E.T.A. Hoffmann avait été fasciné par le roman de Lewis *Le Moine* (1797). Il s'en inspira pour écrire son *Les Élixirs du diable* (1816) et ne s'en cacha pas, car une héroïne de son livre, la tendre Aurélie, tombe par hasard sur ce livre, *Le Moine*, et le lit... Et voici la critique qu'elle en fait : « *Il me semblait que ce livre renfermait la clé de mon destin. Je le pris avec moi, je me mis à le lire, me laissant emporter par cette merveilleuse histoire ; mais quand, après son premier forfait l'horrible moine se livre à des sacrilèges de plus en plus infâmes et qu'enfin, il conclut un pacte avec le Malin, je fus saisie d'une indicible terreur.* » Hoffmann indique donc clairement au lecteur des *Élixirs du diable* la source de son inspiration. Mais, si ces deux romans mettent en scène un moine, il y a dans celui d'Hoffmann une fantasmagorie, une quête d'identité que l'on ne trouve pas chez Lewis. Cette quête, cette épopée d'un homme et de son double, cette lutte à mort avec le Mal suprême : la folie, entraîne l'imaginaire vers les contrées de la terreur. Comme le souligne Alain Faure dans son article de la revue Europe sur ces deux romans : *« L'univers en noir et blanc de Lewis devient avec Hoffmann une fantasmagorie chatoyante, une plongée dans l'inconscient et une étude de la folie. Les "Élixirs du diable", c'est le roman noir enrichi de tous les sortilèges du romantisme allemand. » Entre les classiques allemands et les romantiques se situe Achim von Arnim, qui voulait être classé nulle part et qui dédicaça son œuvre majeure aux frères Grimm. Dans sa préface à "Isabelle d'Égypte"* (1812) il affirmait que la distinction entre « chrétiens » et « païens », « hellénisme » et « romantisme » était pernicieuse. Voilà un homme qui voulut se dégager des contraintes de son époque, sans y parvenir vraiment dans sa vie, mais réussissant partiellement dans son œuvre à faire franchir le pas au roman, du Gothique à la *Fantasy*, grâce à son roman *Isabelle d'Égypte*, histoire d'une quête vers le

bonheur avec le Golem et la Mandragore, ou-
tils d'accession au pouvoir et à la richesse.
Sans trop pouvoir m'étendre sur cette œuvre
et cet écrivain, je me contenterais de rappeler
la ressemblance de l'épisode dans lequel
Charles-Quint passe une nuit dans le château
hanté par Isabelle (enfin, elle fait semblant...),
avec le conte des frères Grimm *De celui qui
partit en quête de la peur* (1812—1815) et
avec le court roman arthurien *L'âtre périlleux»*
(anonyme du milieu du treizième siècle).

Les tentatives de définition du fantastique

Les critiques modernes ont tenté de définir le
fantastique. Bien peu y ont réussi. D'autres,
qui ont critiqué ces tentatives, en sont restés
à la critique sans rien proposer de vraiment
nouveau.
Pierre-Georges Castex, dans son ouvrage *Le
conte fantastique en France de Nodier à Maupassant*, caractérise le fantastique comme
*« une intrusion brutale du mystère dans le
cadre de la vie réelle »*. Voilà donc une première définition simple et cohérente. Ainsi,
comme je le soulignais au début de ce chapitre, pour un homme primitif, le parcours du
soleil dans le ciel, le disque ou le croissant
changeant de la lune qui apparaît la nuit, te-
naient du fantastique.
Roger Caillois, dans sa préface à *Fantastique,
soixante récits de terreur* définit le fantastique

par sa manifestation *(d') un scandale, une dé-chirure, une irruption insolite, presque insup-portable dans le monde réel*, alors que *le fée-rique est un univers merveilleux qui s'ajoute au monde réel sans lui porter atteinte ni en détruire la cohérence*, ajoute-t-il dans l'article qu'il a rédigé pour l'Encyclopédia Universalis. On note avec intérêt que cette irruption pro-vient d'un ailleurs que le monde réel. Mais le-quel ? Ainsi, la guerre, avec son horreur in-supportable, son irruption insolite tiendrait du fantastique. Mais, elle provient du monde poli-tique, donc du réel...

Plus récemment, Tzvetan Todorov dans *Intro-duction à la littérature fantastique* définit le fantastique par la manière dont il est reçu, *ainsi il faut que le texte oblige le lecteur à considérer le monde des personnages comme un monde de personnes vivantes et à hésiter entre une explication naturelle et une explica-tion surnaturelle des événements évoqués.* C'est la lutte éternelle entre le rationnel et l'irrationnel. Donc, le fantastique se réduirait à cette lutte. Mais Todorov n'est pas le premier, loin de là, à formuler cette définition. Sigmund Freud cite E. Jentsch à plusieurs reprises, dans son texte *Das Unheimliche* (1919), dont je re-prends ici la citation principale : *« L'un des stratagèmes les plus sûrs pour provoquer ai-sément par des récits des effets d'inquiétante étrangeté, consiste [...] à laisser le lecteur dans le flou quant à savoir s'il a affaire, à pro-pos d'un personnage déterminé, à une per-sonne ou par exemple à un automate, et ce de telle sorte que cette incertitude ne s'inscrive pas directement au foyer de son attention, afin qu'il ne soit pas amené à examiner et à tirer la chose aussitôt au clair, vu que, [...] cela peut aisément compromettre l'effet affectif spécifique. Dans ses pièces fantastiques, E.T.A. Hoffmann a plusieurs fois réussi à tirer parti de cette manœuvre psychologique. »*

Jean-Paul Sartre, dans son article : *Aminabad, ou du fantastique considéré comme un langage*, au-delà d'une définition, présente une « vision » du fantastique qui offre l'image inversée de l'union de l'âme et du corps : *« l'âme y prend la place du corps, et le corps celle de l'âme, et pour penser cette image nous ne pouvons user d'idées claires et distinctes ; il nous faut recourir à des pensées brouillées, elles-mêmes fantastiques, en un mot, nous laisser aller en pleine veille, en pleine maturité, en pleine civilisation, à la "mentalité" magique du rêveur, du primitif, de l'enfant... »*

Enfin, Louis Vax, dans *La Séduction de l'étrange*, pousse plus loin cette réflexion en écrivant que le fantastique repose sur un type spécifique de conscience : *« le sentiment de l'étrange »*. Je rapprocherais cette réflexion d'une citation de l'écrivain anglais William Hope Hodgson dans une des ses histoires du recueil *Carnacki et les fantômes*, dans laquelle il donne une explication rationnelle des manifestations de hantise (C'est Carnacki, le détective des maisons hantées qui essaie d'expliquer pourquoi certaines personnes ont vu le fantôme d'une femme, et d'autres non) : « *J'ai beaucoup réfléchi à cet aspect du problème, et je ne peux émettre que la supposition suivante : dans chaque cas, la peur était la clé qui, si je puis m'exprimer ainsi, ouvrait les sens, rendant ainsi perceptible la présence de la femme. Le policier était un homme nerveux, excessivement tendu et il était terrifié. Lorsqu'il prit peur, il fut alors à même de voir la femme. Le même raisonnement s'applique à tous les autres. Moi-même, je n'ai rien vu avant de devenir réellement effrayé. Et c'est à ce moment, à ce moment seulement, que j'ai vu, non pas la femme, mais un enfant qui courait pour fuir quelque chose ou quelqu'un. [...] En un mot, il fallait que la personne atteigne un très fort degré de peur pour qu'elle puisse être affectée par la force qui se manifeste sous l'apparence d'une femme.* » Dans un autre conte, Carnacki parle de « *l'Induction de Pensée* » et qu'une personne peut provoquer une « *Hantise induite* ». Hogdson développe là, il me semble, une bonne définition du fantastique dans un but romanesque. Le fantastique n'existerait pas en lui-même, mais uniquement par l'effet qu'il produit sur nous, les êtres humains. N'est-ce pas là une caractéristique de l'art en général ? D'ailleurs, l'art n'est-il pas indépendant de tout, même du rationnel et de l'irrationnel ?

Alors, quel est l'effet du fantastique sur l'être humain ? Un effet déstabilisant. Or, qu'est-ce qui déstabilise le plus notre esprit que la Peur ? On associera donc fantastique et terreur. Et qu'est-ce qui est le plus terrifiant pour nous, pauvres mortels ?

Dans le film de Roger Corman *Le Masque de la mort rouge*, tiré d'une nouvelle d'Edgar A. Poe, le cinéaste tente de donner la définition suivante de la terreur, à travers le personnage principal, le terrible prince Prospero. La scène se déroule dans le château en présence des courtisans. Prospero ordonne : « *Silence !* » Et le silence règne. On entend alors, très fort, le tic tac d'une pendule. Prospero déclare : « *Écoutez : est-ce la sensation que l'on éprouve en observant le temps qui passe ? Ou l'horreur d'entendre battre un cœur qui s'éteint ? Ou le vertige épouvantable que l'on ressent lorsqu'on ferme la porte sur un incon-nu et qu'on écoute s'éloigner ses pas... Mais il est inutile de parler plus longtemps de la ter-reur, la connaissance de ses charmes est ré-servée à de rares particuliers.* »

En regardant cette scène, l'amateur de fantas-tique s'identifie au personnage cruel qui lui montre si bien sa terreur de la mort.

Voilà donc le mot prononcé. Mais avant de dé-velopper sur ce thème, faisons une brève syn-thèse d'une possible définition du fantastique. **Il ne tient ni du rationnel, ni de l'irration-nel. Il fait partie d'un autre monde, du-quel surgit le chaos dans notre monde ré-el. Le fantastique n'a donc rien d'objectif, il n'est que subjectif ; il ne tient que du sujet. On ne peut pas le définir en soi, car il n'existe pas en dehors de notre subjec-tivité. Il ne tente pas d'expliquer le**

monde, mais il est le produit de sa destruction par la révolte de notre esprit qui est séduit par cette idée d'envisager autre chose que le rationnel et l'irrationnel, quelque chose de très humain, qui surgit de notre subjectivité fondamentale.

La mort est donc le personnage principal du fantastique. Elle va nous aider à mieux comprendre...

La mort a d'abord quelque chose de rationnel. C'est la fin de la vie, la cessation d'un fonctionnement, la décomposition en parties recomposables. C'est une phase d'un cycle harmonieux de la nature.

Mais la mort nous est vécue. Nous ne la supportons pas et nous voulons y voir la main de Dieu et, si elle est la fin de la vie ici-bas, certains croient qu' elle est le début d'une autre dans un autre monde. Nous sommes dans un surnaturel rationnel.

Enfin, on peut présenter la mort sur le mode fantastique : oui, il est possible qu'il existe un autre état que la vie ou la mort. C'est alors, l'état de mort-vivant (*La Nuit des morts-vivants*), de fantôme (*Poltergeist*) ou de non-mort (*Dracula*). Sur ce dernier point, il est intéressant de noter la définition qu'en donne Bram Stoker par la voix du professeur Van Helsing dans *Dracula*, lorsqu'il se trouve à côté du cercueil où gît le corps de Lucy transformée en vampire : *« Les personnes qui deviennent non-mortes subissent la malédiction de l'immortalité : elles ne peuvent mourir, mais bien* au contraire, doivent franchir les siècles, les époques, pervertir de nouvelles victimes, multiplier le mal sur terre. Car tout ce qui meurt victime d'un non-mort devient non-mort à son tour et fait des autres sa proie. Ainsi s'élargit le cercle maudit comme s'élargissent les cercles concentriques à la surface de l'eau troublée par un jet de pierre. Mon ami Arthur, si vous aviez reçu le baiser de Lucy, un peu avant sa mort, ou si vous aviez subi son baiser la nuit passée, quand elle vous ouvrait les bras et quand vous lui ouvriez les vôtres, vous seriez devenu, après la mort, un nosferatu comme on le dit en Europe orientale... »* Ce passage du roman est celui qui est le plus fructueux pour l'imagination des créateurs qui ont suivi : c'est de lui que Murnau développa sa version de Dracula dans *Nosferatu* (notamment, l'épidémie de peste qui n'existe pas dans le roman de Stoker), version dont s'inspirèrent d'autres cinéastes comme Fisher et Herzog et aussi Stephen King dans *Salem* dont Tobe Hooper tira un film (assez mauvais d'ailleurs). Ce n'est donc pas l'intrigue qui a fasciné ces créateurs, mais le mythe qui n'a pas été inventé par l'écrivain Stoker, mais qu'il a repris dans le folklore. Comme l'écrit Maurice Lévy dans un article de la revue Europe (mars 1980) : « *Les gothiques ayant assez vite épuisé le mythe médiéval, les fantastiqueurs qui en Angleterre les ont succédé, se sont tournés vers d'autres mythes, d'autres légendes, vers le folklore d'autres régions ou d'autres pays. Ainsi, Bulwer Lytton explore-t-il d'un pas au-*

dacieux les avenues semées d'embûches de l'ésotérisme dans Zanoni *(1842), ainsi Sheridan Le Fanu dans* Carmilla *(1871), comme plus tard Bram Stoker dans* Dracula *(1897) se tournent-ils vers le folklore d'Europe centrale pour y puiser leur inspiration. On pourrait multiplier les exemples de cet élargissement progressif du champ fantastique, citer les cas de John Buchan qui, après Walter Scott, fit appel au vieux fonds spécifique de légendes écossaises, celui d'Arthur Machen qui ranima dans ses récits les antiques superstitions du pays de Galles, sans oublier Lord Dunsany qui utilisa dans certaines nouvelles les mythes irlandais, ni bien sûr Lovecraft qui sonde dans ses contes le passé de la Nouvelle-Angleterre et dont les sorcières et les alchimistes, les mutants et les dégénérés illustrent les aspects nocturnes de l'âme américaine.* » Et, je citerai un grand écrivain anglais contemporain, Graham Masterton, qui appuie ses récits de terreur sur des légendes du monde entier, et ses romans sur les légendes indiennes d'Amérique sont les plus passionnants (La série des *Manitou* notamment).

Toutes ces hypothèses fantastiques ont été envisagées, élaborées par le folklore, les contes populaires. Nous verrons plus loin que ces créations fantastiques ne sont pas tombées du ciel, mais de la psychologie humaine la plus profonde.

Le cinéma, lui aussi, s'intéresse à la mort.

D'abord, par la suggestion. Le cinéma expressionniste le faisait excellemment grâce à ses images contrastées et au jeu dramatique des acteurs. D'ailleurs, c'est ce style qui en a le plus traité. Nous sommes ici en plein dans le fantastique, car cette suggestion permet à chaque spectateur toutes les créations possibles en fonction de ses angoisses. Ensuite, il y a la mort du western, mort irrationnelle par excellence puisque le tué tombe de cheval en semblant s'endormir pour l'éternité. Mort rassurante qui plus est, car, souvent c'est le méchant qui meurt. Toujours dans le même genre, mais le western dit « spaghetti » (ou les films de Sam Peckinpah), nous arrivons aux portes du fantastique, puisque la mort y est déjà plus terrifiante : violence des images, sang qui gicle, et nous renvoie donc à notre propre mort puisque les méchants y règnent en maître. Il y a tous les cas de non-mort totale ou partielle, du monstre du docteur Frankenstein en passant par les morts-vivants, qu'ils soient créés par Romero ou Herbert West réanimateur, les fantômes et jusqu'aux vampires. Enfin, le cinéma étant un art de voyeur, il y a la mort en direct, les chairs arrachées, les viscères étalées du genre gore. Le film *Le Voyeur*, sans violence de l'image, traite de cette question de manière éloquente et... angoissante. Voilà donc différentes visions de la mort qui toujours est liée à une punition : le méchant est puni par la mort dans un cas et par la non-mort dans l'autre.

La mort fantastique c'est donc l'horreur du gore (du corps... déchiqueté), l'horreur de la transformation, la terreur du temps qui passe, la terreur de la damnation, la terreur de l'éternité...

Pour nous résumer, le fantastique est l'irruption d'un irréel déstabilisant le réel dans l'édifice culturel du lecteur, du spectateur, de l'auditeur, bref de l'être humain qui s'enrichit de la création artistique (peinture, musique, littérature, cinéma) qui le produit. L'objet du fantastique est donc le mystère, mystère qui produit un effet de chaos déstructurant chez le sujet, et non pas un sentiment rassurant de rationalité qu'apporte le surnaturel. Le fantastique est donc le mouvement d'idées qui se détache de la lutte entre le rationnel et l'irrationnel, qui tente de le dépasser. En cela, il porte en lui une marque historique profonde.

Cette définition trouve écho dans notre esprit avec la découverte de la psychanalyse qui a dépassé la vision organique et la vision occultiste de la folie parce qu'elle n'a pas traité la folie comme objet particulier, mais comme effet d'une déstabilisation de la psyché du sujet... **Ainsi, le fantastique peut être envisagé comme une sorte de folie du monde des arts...**

Charles Dickens (1812—1870) constatait dans sa nouvelle, *Un Procès criminel*, que *« les hommes, même les plus intelligents et les plus cultivés, manquent d'audace lorsqu'il s'agit de faire part de leurs expériences psychologiques personnelles, pour peu qu'elles sortent de l'ordinaire. Presque tous, ils craignent que des récits de ce genre n'éveillent nul écho, ne suggèrent nulle analogie dans la vie intérieure de leur interlocuteur, ne soient mis en doute ou tournés en ridicule.* » En quelque sorte, le fantastique permet au créateur de faire preuve de cette audace.

Ainsi, les découvertes de Charcot sur la folie (dont l'analyse de l'hystérie permit à Freud d'accéder à l'étude de l'inconscient...), associées parfois aux expériences sur le magnétisme de Messmer, ont produit, au siècle dernier, toute une génération d'écrivains de littérature fantastique de chaque côté de l'atlantique. Gwenhaël Ponnau, dans son ouvrage *La Folie dans la littérature fantastique* consacre un chapitre à ce grand savant qu'était Jean Martin Charcot (1825—1893). « *On se doit, en effet, de souligner combien la personnalité de Charcot, le caractère spectaculaire de ses expériences, le succès, à la fois médical et mondain, des leçons publiques du mardi ont favorisé le développement d'une sorte de légende particulièrement apte à suggérer une interprétation fantastique des faits neurologiques étudiés à la Salpêtrière.* » De nombreuses histoires traitées aujourd'hui dans le cinéma fantastique héritent de cette période. Du giallo d'Argento en passant par *Halloween*, les *Vendredi 13* et *Freddy*, les histoires psychiatriques de Cronenberg et toutes les hantises où le psychiatre est toujours présent (*L'Exorciste – Mr Frost – Cabale*). John Carpenter, dans un de ses films très lovecraftien, *L'antre de la folie*, n'y va pas par quatre chemins et montre comment la folie est le résultat quasi matériel d'un écrivain dont l'œuvre suffisamment puissante est capable d'exercer une pression considérable sur le psychisme des hommes. Voilà du fantastique pur.

Jean-Luc Steinmetz, dans son ouvrage *La Littérature fantastique* rappelle l'analyse de l'Unheimliche (expression traduite par « Étrange ») que Freud développe à partir de l'admirable œuvre d'Hoffman *L'Homme au sable* : *« Freud constate que le sentiment d'Unheimlich, se rattachant à tout ce qui provoque l'angoisse, renvoie à notre intimité foncière, donc à ce refoulé individuel qui constitue l'inconscient : le plus étrange vaut comme le plus familier. Il réapproprie magistralement ce qui appartenait à l'inexplicable. On se tromperait, toutefois, si on voyait dans son étude une tentative pour réduire l'irrationnel. Mais bon nombre de problèmes irrésolus reçoivent par lui une explication globale qui les recycle dans le courant de la vie psychique et de ses secrets. Le fantastique pour être ainsi éclairci, ne gagne pas moins en authenticité. »* Et de citer Freud : *« L'inquiétante familiarité prend naissance dans la vie réelle lorsque les complexes infantiles refoulés sont ranimés par quelque impression extérieure, ou bien lorsque ces primitives convictions surmontées semblent de nouveau être confirmées. »* Ainsi, le fantastique prend une légitimité dans toute création artistique, celle de la légitimité culturelle qui prend sa source dans les relations humaines. C'est pourquoi, plus haut, j'ai proposé deux genres de cinéma fantastique : le genre fantastique social et le genre fantastique intérieur. D'ailleurs, certaines hostilités à priori contre le fantastique doivent être recherchées dans la peur de retrouver ce refoulement. Pour bien comprendre, voici la citation résumée par Steinmetz du texte de Freud sur *L'homme au sable*.

« *L'étudiant Nathanaël rappelle l'un de ses souvenirs d'enfance lié aux approches du sommeil. Sa mère lui parlait alors de l'homme au sable et une vieille servante lui avait même dit que celui-ci prenait les yeux des enfants qui ne veulent pas s'endormir pour les donner à manger à ses petits. Or certains soirs – rapporte Nathanaël – il entendait les pas d'un visiteur, dont tout laissait penser qu'il s'agissait du cruel personnage. Un jour, il prit la décision de se dissimuler dans le cabinet de travail de son père. Il reconnut alors dans le visiteur nocturne l'avocat Coppélius, objet, depuis toujours, de sa profonde aversion. Les deux hommes se livraient à des recherches d'alchimie ; impressionné par leur conduite il ne put s'empêcher de pousser un cri, si bien qu'on découvrit sa présence. Coppélius voulut lui arracher les yeux, mais son père s'interposa. Plus tard – et c'est toujours Nathanaël qui raconte – son père mourut au cours d'une expérience. Dès lors, Coppélius arrêta là ses visites. La suite du récit présente l'étudiant poursuivant ses études à l'université. Récemment, le jeune homme a eu affaire à un mar-*

chand de baromètres, un certain Coppola, dans lequel il a cru reconnaître Coppélius. Il lui a acheté une lorgnette. De la fenêtre de sa chambre donnant sur la maison du docteur Spalanzani (dont il suit les cours), il peut voir la merveilleuse Olympia, la fille du professeur ; il en tombe amoureux. Or il s'agit d'un automate. Se rendant un jour chez Spalanzani pour lui demander la main d'Olympia, Nathanaël arrive au moment où une dispute met aux prises Coppola et le professeur. Le marchand s'empare du corps de l'automate. Seuls en restent les yeux tombés sur le sol, et que ramasse Spalanzani pour les jeter violemment au visage de Nathanaël. Une crise de démence terrasse l'étudiant. La dernière partie du récit le montre rasséréné et se promenant avec Clara, sa fiancée qu'il doit épouser. Les jeunes gens montent en haut de la tour de l'hôtel de ville. C'est alors que Clara fait remarquer à son compagnon un curieux buisson gris qui avance dans la campagne. Nathanaël l'observe avec la lunette de Coppola ; bientôt devenu fou furieux, il veut précipiter Clara dans le vide. Celle-ci est sauvée à temps par son frère. Nathanaël, quant à lui, continue de présenter tous les signes d'une folie frénétique. Au sein des spectateurs massés au pied de l'édifice, il voit brusquement Coppélius. Il se jette alors du haut de la tour et tombe au pied de l'avocat qui, encore une fois, va disparaître dans la foule. » Autre précision que Steinmetz n'apporte pas, mais que Freud précisa : au moment où le jeune homme est fou furieux,

« on veut monter pour (le) maîtriser, mais Coppélius dit en riant : "Attendez un peu, il va descendre de lui-même". Nathanaël s'immobilise soudain, aperçoit Coppélius, et en criant d'une voix perçante : "Oui ! Zoli z'yeux – Zoli z'yeux", il se jette par-dessus la balustrade. Il n'est pas plus tôt étendu sur le pavé, la tête fracassée, que l'Homme au sable a déjà disparu dans la cohue. » Freud précise dans une note : *« À propos de la dérivation de "Coppélius" : coppela = coupelle (CF. les opérations chimiques au cours desquelles le père est victime d'un accident) ; coppo == orbite de l'œil (d'après une remarque de Mme Rank). »*

Cette longue citation (pour ceux qui ne connaissent pas le chef-d'œuvre de Hoffmann) m'a paru nécessaire pour deux raisons. La première c'est que cette histoire a l'air de ressembler au conte *Barbe Bleue*. Pourquoi ? Parce que dans ce conte, il est aussi question d'un interdit de « voir », les yeux jouant donc un rôle déterminant. Et l'analyse freudienne s'applique aux deux histoires : complexe de castration lié à l'impossibilité de posséder sexuellement un de ses parents (l'interdit de « regarder » ce qui se passe dans leur chambre pour *Barbe bleue*). La deuxième raison découle de cette première, c'est que cette histoire inspire une comparaison évidente avec le cinéma, qui nous montre une illusion à laquelle nous croyons, ou nous voulons bien croire. Le cinéma, c'est la lorgnette vendue par Coppola (homonymie étrange !) à Nathanaël...

Si nous revenons à notre tentative de définition, nous pouvons ici observer que le meilleur
créateur de chaos est bien notre inconscient
qui ne tient compte d'aucune loi et d'aucun
principe. C'est le *ça* de Freud et l'écrivain Stephen King l'a bien compris en titrant un de ses
(volumineux) romans : *ça*. Or, le chaos c'est
comme la mort : décomposition en éléments
simples pour se recomposer en ordre nouveau. C'est cela la peur du cauchemar de nos
rêves.

Le fantastique et la peur

Dans son essai *Anatomie de l'horreur* (titre de
l'édition française – 1995 – le titre de l'édition
américaine est *Danse macabre* – 1981) Stephen King développe deux idées : la première,
c'est que nous sommes seuls devant le sentiment d'horreur et la deuxième c'est que la terreur moderne doit montrer l'horreur telle
qu'elle est, et non pas se contenter de la suggérer (c'est sa théorie de « la porte ouverte
»).

« *Dans la vie réelle, l'horreur est une émotion
que l'on doit affronter en solitaire [...]. C'est
un combat qu'on livre au plus profond de son
cœur.* »

Et puis : « *L'horreur, la terreur, la panique :
ces émotions-là élèvent des barrières entre
nous, nous séparent de notre prochain, font
de nous des êtres isolés. Il est paradoxal que
des sentiments et des émotions que nous as-*

socions avec "l'instinct de foule" exercent un tel effet, mais on se sent bien solitaire dans une foule, paraît-il : une foule n'est qu'une masse de gens sans amour pour les réunir. Les mélodies de l'horreur sont simples et ré-pétitives, et ce sont des mélodies de la désta-bilisation, de la désintégration... mais, autre paradoxe, l'expression rituelle de ces émotions semble ramener les choses à un état plus stable et plus constructif. Demandez à un psy-chiatre ce qui se passe lorsque son patient s'étend sur le divan et lui parle de ce qui l'em-pêche de dormir et de ce qu'il voit dans ses rêves. Que vois-tu quand tu éteins la lu-mière ? demandent les Beatles dans "With A Little Help From My Friends" ; réponse : Je ne peux pas te le dire, mais je sais que c'est à moi. »

Et enfin, il le dit carrément : « peut-être bien que le rêve d'horreur est en lui-même un dé-foulement et une thérapie... et peut-être bien que le rêve d'horreur reconverti en mass me-dia est parfois en mesure de devenir un divan à l'échelle nationale. »

Stephen King essaie-t-il de justifier le choix littéraire qu'il a fait (celui de la terreur) en lui trouvant une utilité sociale ? C'est étonnant pour un créateur qui, sous peine de voir son art ramené à un tract utilitaire, ne peut que tenter de créer en dehors de toute nécessité sociale. Bien sûr, cela est impossible objecti-vement, mais cela se passe sur le plan subjec-tif.

À ce propos, je poserai une question stupide : comment représenter l'inconscient (le *ça* de Freud) au cinéma ? Personne ne l'a jamais vu, personne ne peut le décrire, mais on peut en parler puisque, paraît-il, il se manifeste. On peut donc faire un film réaliste montrant les actes manqués, les angoisses, les travers d'une personne qui souffre de manifestations de son *ça*. À moins d'expliquer le pourquoi du comment, et alors on aura affaire à un film ennuyeux, beaucoup de gens ne verront que des difficultés de comportement traitées dans ce film. Seul le fantastique permettra de trai-ter de la terreur produite, dans nos cauche-mars, par la remontée des refoulements du ça vers notre conscient et la culpabilisation qui l'accompagne. Autre exemple : l'effet de deuil que Freud a si bien expliqué. On peut montrer une veuve qui pleure. Banal et pas très pro-fond. Mais on peut aussi montrer *La Nuit des morts-vivants* (G. A. Romero), *Re-animator* (Stuart Gordon), tous les films de morts-vivants, de fantômes et de vampires. Ces his-toires nous touchent au plus profond de l'effet de deuil ce qui est un élément constitutif de la peur qu'ils produisent sur nous, et, effective-ment, ce sentiment ne peut être que solitaire. L'œuvre a ceci de concret qu'elle rencontre chez nous un écho au plus profond de nous-mêmes.

L'œuvre fantastique est productrice d'inquié-tude, d'angoisse. Trois grands philosophes ont traité du problème de l'angoisse, et la manière dont ils l'ont fait nous renvoie au fantastique.

Pour Hegel, c'est dans la lutte pour la reconnaissance que la conscience éprouve l'angoisse devant la mort, celle-ci étant à l'origine du chemin qui mène au savoir philosophique conçu comme savoir de la mort. Selon Kierkegaard, l'angoisse s'exprime par l'attirance ambivalente de désir et de crainte, d'entraînement et d'oppression. Vers le « non-ordinaire », par une inquiétude préalable même à la faute. L'angoisse morale est la peur de mourir. Chez Heidegger, l'angoisse nous fait découvrir notre « situation originelle » : celle d'un existant jeté dans le monde et qui découvre sa propre mort comme l'horizon dernier de ses projets. Il s'agit de l'angoisse d'une précarité inhérente à l'homme qui est temporaire ou temporel. Nous rejoignons ici la définition de la terreur donnée par le film de Corman *Le Masque de la mort rouge*, et de nombreux films fantastiques qui produisent cette angoisse. Enfin, Sartre rejoint encore mieux notre sujet, car selon sa philosophie, l'angoisse se manifeste devant la liberté. Le fantastique n'est-il pas une évasion, à la fois du rationnel et de son double inversé, l'irrationnel, et donc une mise en liberté vis-à-vis de ces deux systèmes de pensées qui dominent le monde matériel et spirituel ?

Deuxième idée de Stephen King, développée dans *Danse macabre* (je préfère le titre américain qui a été repris en France pour un recueil de nouvelles de cet auteur) :

« Ce qui est tapi derrière la porte ou en haut de l'escalier n'est jamais aussi terrifiant que la

porte ou l'escalier. Et là est le paradoxe :
l'œuvre d'horreur s'avère presque toujours dé-
cevante. [...] Comme au poker, on est tôt ou
tard obligé d'abattre ses cartes. D'ouvrir la
porte et de montrer au public ce qu'il y a der-
rière. [...] Il existe et il a toujours existé cer-
tains écrivains d'horreur (je ne suis pas du
nombre) pour penser que la meilleure façon
de résoudre le problème est de ne jamais ou-
vrir la porte. »

Ainsi, ce problème s'est posé concrètement à Jacques Tourneur pour son film *Rendez-vous avec la peur* dans lequel il ne voulait pas montrer le monstre et les producteurs l'ont voulu.

Stephen King choisit d'ouvrir la porte. Il ne partage pas le style de Lovecraft consistant à toujours laisser la porte entrouverte. Soit ! Mais il faut bien le dire, quand Stephen King ouvre la porte, ses monstres ne sont guère convaincants : une araignée ridicule pour *ça*, des extraterrestres même pas étonnants dans *Les Tommyknockers*, un chien dans *Cujo*, une bande d'oiseaux dans *La Part des ténèbres*, etc. En plus, Stephen King ne sait pas jouer au poker s'il croit qu'on *« est, tôt ou tard obligé d'abattre ses cartes »*. C'est faux, car à ce jeu, pour obliger son adversaire à abattre ses cartes, il faut payer. C'est la base même du jeu : si on se « couche » (c'est-à-dire qu'on ne paie plus par peur de perdre encore plus), on n'a pas le droit de voir le jeu de l'adversaire... Ce peut être le résultat d'un éventuel bluff de sa part. Et c'est la même chose pour le fantastique : si vous n'ouvrez pas la porte, vous serez toujours terrifié par ce qu'il peut y avoir derrière. Parce que vous l'imaginez, sans jamais pouvoir le voir...

Malgré tout, cette nouvelle approche de l'horreur est partagée par presque tous les écrivains modernes de terreur, mais finalement, ils ne réussissent vraiment à nous terrifier, une fois la porte ouverte, qu'avec des scènes bien décrites de mutilations cruelles et épouvantables. C'est devenu la spécialité d'écrivains anglais comme Graham Masterton et Clive Barker. À la limite, nous quittons alors le fantastique pour une espèce de néoréalisme de l'horreur...

Zoom sur trois chefs-d'œuvre gothiques du cinéma fantastique

Nosferatu

Nosferatu est un mot employé par le professeur Van Helsing dans le roman de Bram Stoker pour désigner un non-mort (« *Car tout ce qui meurt victime d'un non-mort devient non-mort à son tour et fait des autres sa proie* »). Dans le tombeau, au pied du cercueil où gît Lucy transformée en vampire par Dracula, il fait un exposé sur la « *malédiction de l'immor-*

talité ». « *Nosferatu* » est un mot roumain qui désigne un mort-vivant, un revenant, un vampire.

Friedrich Wilhelm Murnau, né en 1888 et mort en 1931, était un réalisateur allemand. Son vrai nom était Plumpe. C'était un grand cinéaste expressionniste. Voici ce qu'en disait Werner Herzog qui réalisa un remake du Nosferatu de Murnau en 1979 : *« Je me sens très proche de Murnau. C'est mon metteur en scène préféré. Je le place bien au-dessus de Fritz Lang, par exemple : Fritz Lang voit les choses de façon trop géométrique.* Nosferatu de Murnau, *réalisé en 1922, est le plus visionnaire de tous les films allemands. Un film prémonitoire, qui a prophétisé l'arrivée du nazisme en montrant l'invasion de l'Allemagne par Dracula et ses rats porteurs de peste. Il a donné une légitimité au cinéma allemand qui fut perdue à l'époque de Hitler. C'est en cela que ce film revêt, pour moi, une telle importance »*

Murnau tourna également en 1920 : *Der Januskopf* , adaptation du *Dr Jekyll et Mr Hyde* au cinéma, puis, après *Nosferatu*, *Phantom* en 1922 et un superbe *Faust* en 1926.

Un des plus grands cinéastes de notre siècle.

Il est mis en scène dans le film *L'ombre du vampire* consacré au tournage du film *Nosferatu. L'ombre du vampire* est un film assez effrayant – voir plus loin ma critique de ce film réalisé par Elias Mehrige (2000) –, dans lequel le réalisateur développe la thèse que l'acteur (Max Schreck) qui a joué le rôle d'Orlok était un vrai vampire... Le ralistauer Murnau est montré comme un homme sans scrupule prêt à sacrifier la vie de ses collaborateurs pour parvenir à tourner ce film.

Dans la copie actuellement disponible de *Nosferatu*, Murnau annonce la couleur en inscrivant dans le générique de son film : « *D'après le roman "Dracula" de Bram Stoker* ». Mais, on va le voir, si le scénario s'est inspiré de la trame du récit, en utilisant surtout les voyages, l'histoire elle-même et les personnages ont été complètement changés. D'ailleurs, il ne s'agit même pas du comte Dracula, ni de l'Angleterre (mais de l'Allemagne). Murnau, qui n'a jamais caché ses sources d'inspiration, ne prit pas la précaution d'acheter les droits de l'œuvre aux héritiers. Ainsi, Florence Stoker, veuve de Bram Stoker, traîna le cinéaste en justice et gagna. En juillet 1925, la Compagnie Varna fut condamnée à détruire toutes les copies existantes du film ! Néanmoins, en 1930, on peut constater l'existence de quatre copies plus ou moins différentes de l'original : une française datant de 1928, une anglaise intitulée « Dracula » et dans laquelle on a repris les noms des personnages du roman de Bram Stoker (!), une version américaine et un film allemand intitulé *La Douzième heure* dont le visa de censure est daté du 14 novembre 1930. On ne peut que se réjouir que la loi ne fût pas respectée dans ce cas, car un pur chef-d'œuvre cinématographique aurait disparu !

Mais regardons-le. Il s'agit ici de la copie re-constituée par Enno Patalas, conservateur du Filmmuseum du Münchner Stadtmuseum, la plus récente et la plus fidèle à l'original.

Son titre : *« Nosferatu, eine Symphonie des Grauens »*.

Nosferatu, une symphonie de l'horreur.

Le film commence par l'image d'un livre sur lequel est écrit : « Description de la grande épidémie à Wisborg en l'an 1838. » Les textes sont en allemand, nous vous en offrons la tra-duction. La page est tournée et voici à l'écran la page suivante :

« Nosferatu ! Ce nom résonne comme le cri d'un rapace nocturne qu'on ne prononce ja-mais à haute voix sinon les images de la vie rejoindraient le monde des ombres. Tu ferais des rêves étranges qui se nourriraient de ton sang. »

Page suivante : « J'ai étudié l'origine et la propagation foudroyante de l'épidémie qui s'est abattue sur ma ville natale de Wisborg. En voici l'histoire.

« Hutter et sa jeune épouse, Ellen, vivaient à Wisborg. »

Voilà tracés le cadre historique et les décors, par un texte dense et très suggestif. Toute l'histoire est une histoire de mort, de deux mondes : celui de la lumière et celui des ombres, celui de la vie et celui de la mort.

Ellen et Hutter vivaient très heureux à Wis-borg. Le jeune Hutter cueille des fleurs à Ellen qui lui reproche : « Pourquoi as-tu laissé mourir... les jolies fleurs ? »

Hutter se rend à son travail. Il est employé chez un étrange marchand de biens appelé Knock. Il est étrange, mais il paie bien. Sur le chemin, le jeune homme rencontre une personne qui lui dit : « Pas si vite mon jeune ami ! Personne n'échappe à son destin. »

L'inquiétant Knock vient de recevoir une lettre du comte Orlok, de Transylvanie (ce qui signifie : « Au-delà de la forêt »). Il appelle Hutter : « Le comte Orlok souhaite acheter une jolie maison dans notre petite ville. Vous pourriez en tirer un bon pécule. Cela ne vous coûtera qu'un peu d'effort, un peu de sueur et peut-être... un peu de sang. »

Knock éclate de rire. Hutter s'approche d'une carte de l'Europe affichée au mur pour regarder où se trouve la Transylvanie.

Et Knock poursuit : « Il souhaite une très belle maison isolée. » Et l'on voit une hideuse maison presque en ruines, comportant quatre pignons et cinq étages. « Cette maison, celle qui est juste en face de la vôtre. Proposez-lui donc ! Partez vite vers le pays des esprits ! » Knock rit très fort, d'un rire de fou...

Malgré le chagrin d'Ellen, Hutter s'en va. Ellen n'était pas la seule à avoir du chagrin. Il y avait aussi l'ami, le riche armateur Harding et Ruth, sa sœur.

Le cavalier approche des Carpates dont les fiers et sombres sommets sont montrés à l'écran. Arrivé dans une auberge, il presse le service en criant : « Le dîner, vite ! Je devrais

déjà être au château du comte Orlok ! » À entendre cela, les personnes présentes dans la
salle sont effrayées. Un vieux monsieur s'approche de Hutter et lui dit : « Vous ne pouvez
aller plus loin maintenant, la bête gronde dans
les bois. »

Dehors, les chevaux s'affolent dans les prés.
On voit rôder la bête, moitié hyène et moitié
loup... Des vieilles effrayées font le signe de
croix. Hutter a pris une chambre. Il s'installe
après avoir bien ri des superstitions des villageois.

(Cette scène est inspirée d'un passage de
« Dracula » que Bram Stoker n'a pas laissé
dans le roman et qui a été publié plus tard
sous forme de nouvelle avec le titre : « L'invité de Dracula ». Jonathan s'est perdu la nuit
dans un cimetière sous la neige et a failli être
dévoré par un grand loup (la « bête »). C'est
un message de Dracula aux gens du pays qui
les a conduits vers lui pour le sauver...)

Hutter trouve un livre dans sa chambre. Son
titre : « Des vampires, esprits maléfiques et
sortilèges et des sept péchés capitaux. »

On lit à l'écran ce que raconte ce livre : « De
la semence d'un démon naquit le vampire
Nosferatu qui se nourrit du sang des hommes.
Comme une âme errante, il habite d'affreuses
grottes, des caveaux et des cercueils remplis
de terre maudite par les serviteurs de l'ange
des ténèbres. »

Mais Hutter rit : il ne prend pas ce texte au
sérieux...

Le lendemain, il se lève au soleil et en faisant sa toilette, il retrouve le livre. Il éclate de rire et le jette à terre. Le voyage reprend. Il est long : on voit bientôt Hutter demander aux cochers d'accélérer l'allure, car il va faire bientôt nuit. Mais, ceux-ci s'arrêtent et refusent de continuer. Hutter poursuit sa route à pieds.

On le voit passer un pont et un carton montre l'intertitre suivant : « Kaum hatte Hutter die Brücke überschritten, da ergriffen ihn die unheimlichen Gesichte », texte désormais célèbre qui, sous la traduction suivante plut énormément aux surréalistes : « Quand Hutter fut de l'autre côté du pont, les fantômes vinrent à sa rencontre », et que l'on traduit littéralement par : « Quand Hutter eut traversé le pont, des visions inquiétantes le saisirent ».

Un sinistre château l'attend sur un éperon rocheux. Une voiture noire tirée par des chevaux noirs descend le chemin. Un cocher au visage caché par un vêtement la conduit et lui fait signe de monter. Il monte. Les scènes du parcours de la voiture sont montrées en négatif, donnant un contenu fantastique à ce court voyage qui le mène jusqu'à l'entrée du château où l'attend le comte Orlok. Un homme maigre, voûté et pâle, le crâne aux longues oreilles pointues semble chauve sous la coiffe.

« Vous m'avez fait attendre pendant longtemps, il est presque minuit. Mes serviteurs dorment. » Un repas est servi dans la grande salle du château. Hutter mange, Orlok lit une lettre. L'horloge (un cadran surmonté d'un squelette qui sonne les heures) sonne les douze coups de minuit. Cette sonnerie surprend fort Hutter. Il se coupait du pain et se taille alors un peu le pouce ! Le sang coule... Orlok se lève, fasciné : « Vous vous êtes fait mal... le précieux sang ! « Et Orlok avance son visage livide vers le doigt et lui suce le sang ! Hutter retire sa main et se recule, terrifié.

Mais Orlok ne désarme pas : « Voulez-vous que nous restions un peu ensemble mon cher ? Il reste encore quelques heures jusqu'à l'aube et le jour, je dors d'un profond sommeil, très profond sommeil. » Hutter, toujours terrifié, s'assoit alors dans un fauteuil.

Lorsque le soleil se lève, Hutter se sent libéré des ombres de la nuit. Il se réveille seul dans le château. Le comte a disparu. En se regardant dans la glace, le jeune homme voit deux petits trous à son cou. Il n'en fait pas cas et fait ripaille avec le somptueux petit déjeuner servi avant son réveil. Il n'y a personne, pas un serviteur dans la maison. Puis, il écrit à son épouse : « Ma chérie, ma bien-aimée. Ne désespère pas, même si ton amour est loin de toi. Les moustiques sont une véritable plaie. J'ai déjà deux piqûres au cou, très proches l'une de l'autre. On fait des rêves oppressants dans ce château sinistre, mais ne t'inquiète pas pour moi. » Hutter confie sa lettre à un cavalier passant à proximité.

Mais la nuit tombe. La lumière fantomatique du crépuscule semble réveiller les ombres du château. Dans la grande salle, Orlok et Hutter sont affairés avec des papiers. Le comte aperçoit sur la table le portrait d'Ellen. Il le prend et le regarde : « Votre femme a un joli cou... » et rend le portrait à Hutter. « J'achète la maison, la jolie maison isolée à côté de la vôtre. » Orlok signe l'acte d'une plume d'oie. Hutter embrasse le portrait de sa femme (la remerciant d'avoir ainsi contribué à la conclusion de l'affaire...) Il trouve le livre sur les vampires dans ses bagages. Pourtant, il l'avait jeté au sol dans la chambre de l'auberge... Voici ce qu'il lit : « À la nuit, Nosferatu s'empare de sa victime et suce le sang nécessaire à sa propre existence. Prends garde à ce que son ombre ne t'oppresse pas par des cauchemars. »

Le squelette de l'horloge sonne les douze coups de minuit. Nosferatu apparaît au bout du couloir, visage livide allongé avec deux dents pointues sur le devant de la mâchoire supérieure, crâne chauve sans la coiffe, longs doigts griffus. En approchant, il grandit lentement, très lentement dans le champ. Le monstre entre dans la chambre de Hutter qui tente de se protéger en plaçant son avant-bras devant son front. Au même moment, à Wisborg, Ellen dort dans son lit. Sans se réveiller, elle se lève et se dirige vers la porte-fenêtre. Elle manque de tomber en bas du balcon à cause de son somnambulisme ; heureusement, elle est sauvée par Harding.

Mais l'ombre du vampire glisse sur le corps de Hutter, allongé sur le lit, les yeux fermés.

Ellen, que ses protecteurs ont couchée sur son lit, s'assoit en criant : « Hutter ! » Nosferatu s'arrête et tourne la tête. Il semble voir les bras tendus d'Ellen suppliante. Il renonce alors à sa proie et s'en va... Ellen, soulagée s'endort. Le docteur Sievers déclare : « Ce n'est qu'une légère congestion sanguine. »

Le narrateur déclare alors : « Je sais maintenant que cette nuit-là, le rapace nocturne s'était emparé de son âme. Déjà, Nosferatu avait déployé ses ailes. »

Le lendemain, Hutter parcourt le sinistre château et découvre Orlok dormant dans son cercueil plein de terre. Il fuit. Le soir, il voit par la fenêtre, dans la cour du château, Orlok charger de nombreux cercueils remplis de terre sur un chariot. Il se couche dans le dernier et referme le couvercle sur lui. Toute cette scène est tournée en accéléré. Puis, Hutter fuit grâce à une corde fabriquée avec des draps. Les cercueils poursuivent leur voyage sur un radeau qui descend le fleuve vers la mer (« le fleuve ne sait pas quel horrible fardeau il descend dans la vallée »), puis sont chargés au port sur un navire : le deux mâts « Empusa ». Hutter est recueilli dans un hôpital.

En alternance, on voit des scènes de l'embarquement, du voyage des cercueils pleins de terre et de rats et un enseignement du professeur Bulwer qui étudie les secrets de la nature et leurs surprenantes analogies dans la vie humaine. Notamment, le professeur Bulwer, relate à ses élèves l'existence d'une plante carnivore particulièrement cruelle. C'est avec des frissons d'horreur que les élèves observent les mystères de la nature.

La plante carnivore se referme sur une pauvre mouche dont on voit l'agonie au travers des longs cils. « Comme un vampire n'est-ce pas ? »

L'approche de l'égorgeur Nosferatu plonge le marchand de biens Knock dans les ténèbres. Le patient est enfermé à l'asile du docteur Sievers. Dans sa cellule, Knock attrape les mouches et les gobe vivantes ! « Le sang c'est la vie ! « Crie-t-il en se jetant au cou du docteur pour l'étrangler. Le gardien les sépare.

Ellen attend (qui ? Hutter ou Nosferatu ?) au milieu des dunes parsemées de croix, face à la mer. Harding et Ruth lui apportent la lettre de Hutter (qu'il avait écrite au château après sa première nuit avec le comte Orlok). Ellen est habillée en noir, tache de deuil au milieu des dunes claires. Scène très symbolique : les croix représentent les marins morts en mer (ou les victimes de Nosferatu) comme l'indique le journal de Mina dans le roman de Stoker...

Là-bas, Hutter, malgré sa grande fatigue, se lève de son lit d'hôpital et entame un nouveau voyage pour rejoindre sa jeune épouse.

Le voilier maudit vogue vers Wisborg. Un montage extraordinaire et de magnifiques plans suggèrent (rappelons que c'est un film muet !) la monstruosité que transporte ce bateau : parfois, le voilier traverse le champ de droite à gauche, d'autres fois, la caméra s'approche lentement et le voilier sort du champ lorsqu'il est en gros plan ; souvent, la caméra filme l'avant du navire à partir du pont avec

un tangage extraordinaire... Ces vues alternent avec des images de Hutter en voyage...

Un moment, nous sommes dans la cellule de
Knock. Le gardien balaie le local. Knock lui
vole un journal qui dépasse de sa poche. Il
lit : « En Transylvanie et dans certains ports
de la mer Noire comme Warna et Gala, s'est
déclarée une épidémie de peste. Les jeunes
gens sont fauchés par centaines. Chez toutes
les victimes, on retrouve les même étranges
blessures au cou dont l'origine est une énigme
pour les médecins. Les Dardanelles ont été interdites à tous les navires susceptibles de vé-
hiculer la maladie. »

Retour au bateau, ensuite à Hutter traversant
un torrent à cheval, de nouveau au bateau. Un
à un les matelots meurent de la peste. Nosferatu s'est occupé d'eux. Bientôt, il ne reste
que le capitaine et le premier maître. Les deux
hommes cousent le dernier cadavre dans un
drap avant de le jeter à la mer. Le premier
maître descend dans la cale. Il brise le couvercle d'un cercueil avec sa hache. Des rats
sortent de partout. Il ouvre le cercueil d'Orlok.
Celui-ci, dans une scène célèbre, se place lentement à la verticale, ses grands doigts griffus
croisés sur son corps tout raide, ses talons
restant dans le cercueil. Le marin est terrorisé.
Il remonte sur le pont et se jette à la mer.
Seul le capitaine reste à bord. Il s'attache à la
barre. Nosferatu monte lentement de la cale
et s'approche de lui, effrayant.

« Le navire de la mort avait un nouveau capitaine ! » S'exclame le narrateur.

Le navire s'approche de Wisborg et Hutter aussi.

Le navire accoste, Knock jubile (« le Maître approche... »), Hutter arrive...

Ellen se précipite. Knock assomme son gardien et s'enfuit. Nosferatu sort du bateau, un cercueil sous le bras. Hutter rentre chez lui et embrasse Ellen. Nosferatu passe devant chez eux. Il rejoint sa « maison » en face de celle d'Ellen...

Le narrateur : « J'ai longtemps cherché à comprendre pourquoi Nosferatu était venu avec des cercueils pleins de terre. Et j'ai découvert que les vampires ne pouvaient tirer leur pouvoir diabolique que de la terre maudite dans laquelle ils ont été ensevelis. »

Les autorités visitent le navire et trouvent le cadavre du capitaine attaché à la barre. Ils prennent connaissance du drame par le journal de bord et surtout du danger qu'ils courent tous : la peste !

C'est l'épidémie !

On marque d'une croix blanche tracée à la craie les portes des maisons où la maladie a frappé. Des hommes portant des cercueils circulent continuellement dans les rues.

Ellen lit le livre sur les vampires ramené par Hutter : « Il n'y a aucun moyen d'échapper au vampire. À moins qu'une femme pure de tout péché n'offre son sang au vampire et lui fasse oublier le premier chant du coq. »

À la lecture de ce texte, Ellen semble prendre une décision... Hutter arrive. Elle se jette dans ses bras et montre la maison de Nosferatu en face, de l'autre côté du canal. « Je le vois là, chaque soir... ! » Hutter regarde, Ellen pleure. Un homme allume les lampes à gaz dans la rue : la nuit tombe.

« La peur rôdait dans toutes les rues de la ville. Qui était encore sain ? Qui était déjà malade ? »

Hutter va chercher le docteur Sievers. Ellen reste seule. La bonne, profondément endormie ne répond pas à ses appels. Dans la rue, des hommes nombreux portent des cercueils.

« La ville terrorisée cherchait une victime expiatoire. Ce fut Knock. » Une folle course poursuite s'engage entre les gens et Knock, d'abord dans les rues de la ville et ensuite dans la campagne. Les gens croient voir Knock dans un épouvantail...

Ellen brode une inscription sur une nappe : « Ich liebe dich « (je t'aime...)

Plusieurs plans alternent : Nosferatu, presque pitoyable dans sa lividité malfaisante, est vu de l'extérieur à sa fenêtre ; la poursuite de Knock ; Ellen se lève de son lit et va à sa fenêtre ; elle l'ouvre en invitant ainsi Orlok... Nosferatu sort de sa maison maudite. Hutter est réveillé par Ellen qui lui dit : « Va chercher Bulwer ! « Hutter sort. Ellen s'approche de la fenêtre. Nosferatu s'approche. Son ombre glisse sur les murs de l'escalier, s'approche de la porte de la chambre d'Ellen. Hutter réveille Bulwer. Knock a été repris.

Plan fixe sur le lit d'Ellen. De l'autre côté, accroupi, sa tête monstrueuse dépassant de celle d'Ellen qu'il tient de sa grande serre griffue, Nosferatu suce le sang de la jeune femme. Le chant du coq retentit. Nosferatu relève la tête, inquiet...

Knock s'agrippe à la fenêtre de sa cellule, terrorisé : « Le maître ! Le maître ! «

Hutter et Bulwer se rendent chez Ellen. Au travers de la fenêtre de celle-ci, alors que Nosferatu suce toujours son sang, le soleil éclaire le haut de la maison du comte Orlok.

Plan général de la chambre : Nosferatu, sa main toujours posée sur la tête d'Ellen lève son regard vers la fenêtre ouverte au travers de laquelle on voit le pignon de la maison maudite éclairé par le soleil. Nosferatu se lève (on voit son reflet dans le miroir placé à côté du lit). L'astre du jour éclaire de plus en plus la maison d'en face. Nosferatu pose la main gauche sur son cœur. Il passe devant la fenêtre : un rayon de soleil l'atteint ; son corps se dissout dans l'air. Il ne reste plus qu'une fumée au-dessus de la flaque lumineuse sur le plancher.

Knock, ligoté sur le lit de sa cellule : « Le maître est mort ! »

Ellen reprend connaissance dans les bras de Hutter juste arrivé et retombe. Bulwer reste dans le couloir (il n'a servi à rien, contrairement à Van Helsing...)

Le narrateur : « Et, en vérité, à ce moment même, la grande épidémie s'éteignit et l'ombre de l'oiseau de mort s'évanouit avec les premiers rayons victorieux de l'astre du jour. »

Plan sur le château d'Orlok en ruines.

Fin.

Voilà toute l'histoire de Nosferatu. Elle diffère sur bien des points de l'histoire de Dracula racontée par Stoker. Il n'y a pas les trois vampires femmes constituant le harem de Dracula ; pas de séduction de Hutter ; pas de vampirisation de l'amie d'Ellen-Mina (Lucy). Le comte est une créature du diable et non pas un mort-vivant. Sa morsure ne transforme pas sa victime en vampire, mais lui donne la peste (sauf à Hutter, nous l'avons vu ; mais Werner Herzog mettra bon ordre à cette faille du scénario...). Henrik Galeen, le scénariste, n'a pas inventé le phénomène de la peste amenée par le vampire. Ce phénomène était relaté par les chroniques de l'époque. Ainsi, Michaël Ranft, auteur en 1728 d'un rapport sur *La Mastication des morts dans leur tombeau* cite le récit suivant : *« En l'an 1572, la peste se répand dans toute la Pologne. Le cadavre d'une femme est transporté depuis le village de Rhezur jusqu'aux faubourgs de Leopoldstadt pour y être enseveli près du sanctuaire de l'exaltation de la Croix. La peste ne tarde pas à sévir dans les maisons voisines. Les gens chargés des funérailles soupçonnent que la femme était une sorcière. Le cadavre est exhumé ; on le trouve complètement nu. On en déduit que la femme a dévoré ses vêtements. On lui coupe la tête avec une bêche et on l'enterre à nouveau. La peste cesse ipso facto. »* La seule motivation d'Orlok est de semer la mort sur son passage... Il ne meurt pas par un pieu enfoncé dans le cœur ou la tête tranchée, mais parce qu'une pure jeune femme le retient jusqu'au lever du jour. Murnau développe l'idée des deux mondes : celui du bien et celui du mal, de l'ombre et de la lumière. Pitoyable est Nosferatu, être du monde des ténèbres condamné, pour vivre, à semer la mort. Alors, la non-mort est-elle éternelle ? C'est la nouvelle question que pose Werner Herzog dans son *Nosferatu, Phantom der Nacht*,

Nosferatu, fantôme de la nuit.

Herzog, qui réalisa ce remake en 1979, en hommage au film de Murnau, a vu dans cette œuvre une prémonition de l'œuvre de mort du nazisme. Peut-être... À chacun d'y voir ce qu'il veut bien y voir. C'est en tout cas une œuvre puissante, effrayante. Comme c'est un film muet, les textes et l'image prennent toute leur importance. Ce film eut une légende : on a dit et raconté que l'acteur qui joua Nosferatu n'existait pas... Heureusement, Max Schrek, un grand acteur existait bien. Ce film eut un grand succès en France (les Allemands étaient alors occupés par leur histoire...) Les surréalistes furent enthousiasmés. Pour rendre hommage à Murnau, Herzog a presque parfaitement respecté le scénario de Henrik Galeen. Il a même, en hommage, purement reproduit certaines scènes. Klaus Kinski est remarquable dans le rôle de Nosferatu (ici, il s'agit du comte Dracula), pitoyable dans sa quête de la mort. Le maquillage a respecté l'apparence du comte Orlok : longs doigts griffus, crâne chauve livide surmontant un visage cadavé-

rique, de la petite bouche rouge duquel dépassent les deux petites dents pointues serrées sur le devant. La jeune femme (Lucy Harker dans ce film) qui viendra à bout du monstre en y perdant la vie est interprétée par Isabelle Adjani. L'horreur, c'est l'épidémie de peste. L'approche de la mort rend les gens hystériques : *« Approchez. Voulez-vous boire avec nous ? Nous avons la peste. Ainsi chaque jour qui nous reste à vivre est une fête. »*
Images magnifiques du château du comte (Jonathan parcourt à pied la distance entre l'auberge et le château de Dracula, contrairement à Hutter dans le film de Murnau), images somptueuses des quais et du bateau fantôme, images terribles de la peste. Herzog insiste beaucoup plus sur l'épidémie, car il y voit, bien sûr, nous l'avons noté, une symbolique politique. Lucy retiendra Nosferatu jusqu'au chant du coq, jusqu'à la vraie mort du vampire, sa disparition. Son jeune époux, attaché dans la pièce du bas prendra alors la relève, car vampirisé par Nosferatu, épargné par la peste, il est lui-même devenu Nosferatu, la mort éternelle... *« Il est toujours fécond le ventre qui engendra la bête immonde... »* Le professeur, jusque-là sceptique, contrairement au Van Helsing de Stoker, finit par être convaincu et monte dans la chambre où gît Dracula, terrassé par le chant du coq et lui enfonce un pieu dans le cœur. Du moins, on entend le *« TOC »* de la pièce de bois sur le plancher alors que la caméra nous montre Jonathan, prisonnier, enfermé dans un cercle

d'ail. Geste inutile qui tue un mort et lui coûtera la vie. Lorsque le professeur descend avec le pieu ensanglanté à la main, Jonathan le dénonce aux autorités arrivées entre temps, comme l'assassin du comte Dracula. Ils l'arrêtent alors comme un criminel. Allégorie de celui qui entre trop tard dans la lutte alors que le rapport des forces n'est plus favorable... Échappé de la vie, échappé de la mort, le jeune vampire quitte la ville en chevauchant : « *J'ai beaucoup de travail à faire désormais...* »

Certaines critiques ont très mal accueilli cette belle œuvre, hommage à un chef-d'œuvre du cinéma. Je comprends que le point de vue de Werner Herzog puisse agacer. Mais c'est ainsi. Lisons une de ses déclarations : « *Nous appartenons à une génération orpheline de cinéastes privés de tout recours et ne pouvant s'appuyer sur aucune tradition. (Dans les autres pays)... une continuité culturelle a pu être assurée. En Allemagne, au contraire, il s'est produit un hiatus, un vide que rien ne viendra jamais combler. Mais il existe une certaine affinité entre notre cinéma actuel et celui des années vingt. Il ne s'agit pas tant d'une similitude de style que d'une attitude semblable en face de la réalisation, une façon commune d'envisager le cinéma comme un art, un moyen d'expression sérieux.* »

Nosferatu, eine Symphonie des Grauens (1922) Film allemand de Friedrich Wilhelm Murnau. Muet, noir et blanc. Durée 110 mi-

nutes. Prod. Varna Films. Sc. Henrik Galeen ;
déc. et cost. : Albin Grau. Dir. Ph. Fritz Arno
Wagner. Avec Max Schreck (Nosferatu, comte
Orlok) ; Alexander Granach (Knock) ; Gustav
von Wangenheim (Hutter) ; Greta Schrœder
(Ellen) et G. H. Schnell, Ruth Landshoff, Gustav Botz, John Gottowt...

Nosferatu, Phantom der Nacht (1978) Film
franco-allemand de Werner Herzog. Couleur.
Durée 105 minutes. Interdit au moins de
treize ans. Sc. Werner Herzog ; photographie :
Jörg Schmidt-Reitwein. Déc. Henning von
Gierke ; cost. Gisela Storch. Montage : Beate
Mainka-Jellinghaus ; son : Harald Maury. Eff.
sp. Cornelius Siegel. Mus Popol Vuh, Florian
Fricke, Richard Wagner, Charles Gounod, Vok
Ansambl Gordela. Prod. Werner Herzog et
Filmproduktion Gaumont. Avec Klaus Kinski
(comte Dracula) ; Isabelle Adjani (Lucy Har-
ker) ; Bruno Ganz (Jonathan), Roland Topor
(Renfield), et Jacques Dufilho, Walter Landen-
gast, Dan Van Husen, Jan Groth, Cartsen
Bodinus.

La Fiancée de Frankenstein (1935)

James Whale a créé, pour le cinéma, le monstre le plus célèbre, la créature de Frankenstein, dans le film *Frankenstein* (1931) pour lequel il avait sollicité Bela Lugosi, celui-ci ayant refusé, ne voulant pas jouer le rôle d'un monstre. Ce fut donc Boris Karloff qui obtint le rôle et qui interpréta une inoubliable créature, jamais égalée. Le mythe de Frankenstein au cinéma a été traité dans un chapitre précédent, je n'y reviendrai donc pas. Dans le domaine du fantastique, James Whale a aussi réalisé *L'homme invisible* (1933) d'après l'œuvre de H. G. Wells. Le film qui nous intéresse ici, *La Fiancée de Frankenstein*, est le meilleur de Whale, bien supérieur au

Frankenstein. C'est pourtant ce dernier qui fit la célébrité du cinéaste. Plusieurs scènes de cette suite de *Frankenstein* marquent l'histoire du cinéma, notamment, les homoncules de l'horrible Pretorius, la scène de la rencontre de la créature avec le joueur de violon aveugle et la rencontre de la créature avec sa "fiancée". La coiffure de cette dernière a beaucoup inspiré les parodies comme celle de Mels Brook. Enfin, Brian Yuzna a repris l'idée de la fiancée du monstre dans *Re-animator 2* qui se veut la suite de *Re-animator* (1985) de Stuart Gordon. Cette idée de fiancée pour le monstre est complètement absente du roman de Mary Shelley. Elle a pourtant été reprise souvent au cinéma, y compris avec un sens inversé dans *Frankenstein* de Banagh. Hitchcock rend hommage à ce film dans *Saboteur* (1942) avec la scène de l'hôte aveugle.

La Fiancée de Frankenstein

Le générique commence évidemment avec l'image de l'Universal : un avion (poussif) qui tourne autour du globe terrestre...

Une nuit d'orage : la caméra avance lentement vers un manoir isolé à peine aperçu dans l'obscurité. Changement de plan : vu de l'extérieur, un homme se tient debout devant une baie vitrée et regarde vers le ciel.

Chaude lumière, ambiance confortable avec feu dans la cheminée changent l'ambiance en même temps que la musique. Le même personnage déclare : « Voilà la splendeur du romantisme : au-dehors, les éléments sont déchaînés, et d'ici, nous les contemplons paisiblement. » Il marche vers la gauche et la caméra, en pivotant, fait entrer deux autres personnages dans le champ : une jeune femme qui fait de la broderie et un homme qui écrit. Le premier personnage se nomme lui-même : lord Byron, « le grand pécheur d'Angleterre » et présente M. Shelley, l'homme qui écrit, et ce dernier cite Mary (« qui est un ange » répond Byron). Il ajoute : « Vous qui craignez l'orage, vous avez écrit un conte qui m'a glacé le sang ». Mary : « La punition d'un mortel qui ose défier Dieu ».

Byron raconte alors l'histoire, et c'est l'occasion de présenter des extraits de « Frankenstein » (1931) avec les commentaires de Byron en voix off.

La scène du cimetière montre l'enterrement d'un mort et ensuite, la nuit, Frankenstein volant le cadavre dans sa tombe fraîche, détachant le pendu du gibet où il se balançait, Frankenstein l'alchimiste dans sa retraite où, à l'aide de cadavres, il crée un monstre si effrayant que seul un cerveau détraqué a pu le concevoir. Et tous ces meurtres : ce petit enfant noyé, Frankenstein précipité dans les flammes par le monstre qu'il a créé...

Retour au manoir, Mary s'est piqué le doigt avec son aiguille. Shelley trouve dommage qu'il n'y ait pas de suite au roman de la jeune femme. Si ! Il y en a une !

Mary raconte... Byron : « Ouvrez les vannes de l'enfer ! »

Près du moulin en ruines (à la fin de « Frankenstein »), le feu a fait son œuvre, la foule acclame l'effondrement du bâtiment en flammes.

Une vieille bigote (que l'on reverra souvent dans la suite) : « Ça bouge encore ! Il n'est pas complètement consumé ! » Une autre : « Le monstre n'est pas mort ? »

Henry Frankenstein est emmené inanimé au château. Le père de la petite fille assassinée par le monstre déclare : « Quand j'aurai vu ses os calcinés, je pourrai enfin dormir ! » Il s'approche des restes de l'incendie, une passerelle s'effondre et il tombe dans l'eau. Au fond, le monstre sort de l'ombre... et noie le pauvre père, puis remonte et jette la femme dans le trou. L'image montre la vieille bigote en plan américain, derrière elle, le monstre entre dans le champ par la droite. Elle se retourne, le voit et fuit en hurlant. Le monstre ne sait pas parler, il ne fait que pousser des grognements. (Toutes ces images sont très expressionnistes).

Frankenstein est ramené au château et Elisabeth l'accueille. La vieille bigote vient annoncer la nouvelle : « Il vit ! Le monstre vit ! » Frankenstein est allongé sur la table. Cette scène est montrée par un lent travelling qui suit la civière portée par des hommes, dans un plan général qui se rapproche. Il n'est pas mort : c'est encore la vieille bigote qui l'annonce en le voyant bouger.

Dans la chambre du blessé, Elisabeth s'inquiète auprès de Frankenstein de ses expériences. Elle a très peur. Un homme frappe à la porte du château. Minnie la servante lui ouvre. Il s'annonce comme le docteur Pretorius, que Frankenstein a connu lors de ses études. Il vient proposer une collaboration à Frankenstein et l'invite à venir voir le fruit de ses travaux.

Les deux hommes arrivés chez lui, il sert à boire et porte un toast « à un monde de dieux et de monstres ! » Il va chercher une longue boîte, ressemblant à un cercueil miniature. Il en sort des bocaux recouverts de tissus qu'il enlève pour dévoiler des « créatures charmantes ». En effet, ils contiennent chacun un être humain vivant miniature. Il y a le roi amoureux de la reine qu'il ne peut rencontrer dans son autre bocal, l'évêque, la danseuse et la sirène... Frankenstein : « Ce n'est pas de la science ! C'est de la magie noire ! » (Les effets spéciaux sont excellents). Pretorius : « Quittez les ossuaires. Suivez la voie de la nature ou de Dieu, si vous croyez la bible : il créa l'homme et la femme. » Frankenstein refuse, même quand Pretorius lui propose de créer une compagne au monstre.

Le monstre marche dans la forêt ; il boit dans une rivière alimentée par une belle cascade et voit son image terrifiante reflétée par la surface de l'eau. Il en est effrayé ! Il fait peur à une jeune bergère qui en tombe à l'eau du haut de son rocher. Il plonge pour la sauver, mais elle hurle de terreur. Deux chasseurs arrivent et tirent. Ils le blessent à l'épaule. Dans la ville, c'est la mobilisation générale sous la direction du Bourgmestre (l'équivalent du maire). La foule poursuit le monstre dans une futaie surréaliste, le rattrape et le fait prisonnier. Il est attaché comme une bête à un poteau et jeté dans une charrette. On l'enchaîne dans une cellule. Mais, il descelle facilement les anneaux auxquels sont fixées ses chaînes et démolit la porte. Il terrorise la population dans la ville.

C'est la nuit au camp de Tziganes, une femme a peur du monstre. Elle envoie son mari chercher du sel et du poivre. Après son départ, le monstre surgit, bouscule tout le monde et s'empare de la viande qui rôtit sur le feu. Mais il se brûle ! Il s'éloigne et entend une musique douce.

Un ermite joue du violon dans sa cabane. Le monstre s'approche. L'ermite entend son grognement de plaisir et sort en demandant : « Qui est là ? » Comme personne ne répond, il rentre et continue à jouer du violon. L'image le montre assis, de profil, le feu de cheminée projette son ombre sur le mur. À droite, une fenêtre au travers de laquelle on voit bouger le monstre qui regarde à l'intérieur. Il entre et l'ermite lui souhaite la bienvenue. Il est aveugle et s'en excuse ! Il le fait entrer, le soigne, lui donne à manger. Il est très heureux d'avoir un nouvel ami, alors qu'il ne rencontre personne depuis longtemps. Le vieillard comprend que le monstre ne sait pas parler. Ce handicap le rend solidaire avec lui : « Je ne peux voir et vous ne pouvez pas parler ! »

L'ermite invite le monstre à se reposer. Il remercie Dieu. Alors que tous deux pleurent, le monstre allongé et l'ermite le visage posé sur sa poitrine, la main du monstre sur la nuque, en arrière-plan, le crucifix accroché au mur s'illumine. Le lendemain, l'ermite apprend au monstre à parler alors qu'il mange de bon cœur. Les chasseurs surviennent, voient le monstre et le charme est rompu. Il s'échappe et la maison de l'ermite brûle.

Il se réfugie dans une crypte et voit le cadavre d'une jolie femme. « Ami », dit-il en lui passant la main devant les yeux... Quelqu'un arrive... Il se cache dans un coin sombre. Pretorius et deux aides viennent chercher la morte, une jeune fille de dix-neuf ans. Après leur travail, les aides repartent et laissent Pretorius seul dans la crypte. Il s'installe avec un bon repas en compagnie d'un crâne et des ossements. Il rit aux éclats alors que le monstre sort de l'ombre. Pretorius offre au monstre le boire et le manger et lui annonce qu'il va faire une femme pour lui et l'invite, par allusion, à faire pression sur Frankenstein pour parvenir à cette fin. Le monstre rappelle qu'il a été créé avec des cadavres et ajoute : « Moi, aimer cadavres... Haïr vivants ! »

Pretorius se rend chez Frankenstein qui vient de se marier avec Elisabeth. Ce dernier refuse de reprendre ses expériences. Le monstre est venu pour faire pression. Il finit par enlever Elisabeth afin d'obliger Frankenstein à reprendre l'expérience.

Scènes de laboratoire, d'expériences. Le cœur
à greffer est faible, il faut un autre cœur. Pretorius fait tuer une innocente passante. Il
drogue le monstre pour avoir la paix. Le cœur
est greffé alors que l'orage approche. Les
cerfs-volants qui doivent attirer la foudre sont
lancés et le « diffuseur cosmique » descendu
(une espèce de montage d'anneaux...) C'est le
même décor, le même escalier que dans
« Frankenstein ». Après quelques péripéties,
l'expérience réussit. La fiancée est habillée de
blanc, sa grande chevelure possède une
mèche claire en forme d'éclair de chaque côté.
Le problème, c'est que lorsqu'elle voit le
monstre, elle hurle de terreur ! Cela le désespère complètement. Il veut tout détruire et
s'approche du levier qui peut tout faire explo-
ser. Elisabeth qui s'est échappée appelle Frankenstein. Le monstre lui dit : « Pars ! Toi...
vivre... » Et à Pretorius : « Toi, rester !
Nous... appartenir à la mort... » Et il baisse le
levier. La tour explose. Elisabeth et Frankenstein sont sauvés !
Fin

La Fiancée de Frankenstein (1935). (Bride
of Frankenstein). Un film de James Whale.
Prod. Carl Lamemmle Jr. D'après le roman de
May Shelley, adapté par Wiiliam Hurlbut et
John Balderston. Déc. Charles D. Hall – Dir.
Ph. John J. Mescall. Eff. Sp. John P. Fulton,
Mus. Franz Waxman conduite par Bakaleini-
koff. Mont. Ted Kent. Avec, Boris Karloff (le
monstre), Colin Clive (Henry Frankenstein),

Valerie Hobson (Elisabeth), Ernest Thesiger (Dr Pretorius), Elsa Lanchester (Mary Shelley), Gavin Gordon (Lord Byron), Douglas Walton (Percy Bysshe Shelley) et Una O'Connor, E. E. Clive, Lucien Prival, O. P. Heggie, Dwight Frye, Reginald Barlow, Mary Gordon, Ann Darling, Ted Billings. Film noir et blanc

Et, pour parodier le générique du film *Frankenstein* qui posait la question au début : qui joue le monstre ? , ici, une autre question est posée : qui joue la fiancée du monstre ? Tout le monde aura reconnu Elsa Lanchester qui joue également Mary Shelley...

Le Masque du démon (1960)

Le Masque du démon est le premier film de Mario Bava. Il dispose de moyens importants

pour le réaliser et y exprime tous les thèmes qui lui sont chers. Le film est une histoire de vampires, mais d'une catégorie à part, sans crocs proéminents, sans volonté de conquête et de pouvoir, une histoire d'inceste comme le cinéaste le rappelle dans la dernière interview qu'il a donnée au journal Libération le 7 mai 1980. Mario Bava a laissé un fils spirituel, Dario Argento, dont les films *Suspiria* et *Inferno* sont traités plus loin. Dans un de ses Gialli, Dario Argento rend un hommage appuyé au thème le plus cher de Bava : le regard. Le titre du film est déjà cet hommage : *Quatre mouches de velours gris*, puisque ces insectes constituent l'image imprimée sur la rétine d'une victime assassinée dont on a extrait l'œil pour essayer de découvrir le coupable. L'œil, tel est l'image obsessionnelle de ce film *Le Masque du démon*. L'œil, cet organe qui sert à regarder, est à comparer, bien sûr, avec la caméra qui est un autre œil du spectateur, avec la différence essentielle que ce n'est pas lui qui le dirige, mais le cinéaste. Il est particulièrement curieux de constater qu'un autre film consacré à cet organe et à son double, la caméra, date de la même année que *Le Masque du démon*, il s'agit du film de Michael Powell, *Le Voyeur* (1960), dans lequel le tueur mêle dans son action de tuer, trois regards, celui de la victime se regardant mourir d'une mort atroce, celui du tueur, et celui de la caméra avec laquelle il filme la victime. Le spectateur peut rajouter deux autres regards : le sien et celui de la caméra qui filme tout cela, c'est-à-dire celui du cinéaste.

Le Masque du démon (1960)
(La mascheria del demonio)

Prologue qui se poursuit jusqu'à la fin du générique :

Le grand Inquisiteur de Moldavie condamne deux vampires : une femme, Asa Vajda et un homme, Igor Iavutich. La lettre « S » (comme Satan) est gravée au fer rouge sur la peau de la vampire. La jeune fille maudit l'Inquisiteur qui n'est autre que son frère, et toute la lignée des Vajda. Le visage de la jeune fille est recouvert du Masque du démon (un masque métallique avec des pointes à l'intérieur) et un bourreau l'enfonce violemment d'un coup de massue. (La violence de cette scène a gêné la censure en son temps...) On tente de brûler son corps sur un bûcher, mais une pluie violente éteint le feu. Le corps du vampire Igor est enterré et celui d'Asa inhumé dans la crypte de ses ancêtres.

Le générique se termine.

Un professeur, le docteur Kruvajan, et son assistant, Andreï Gorobec, voyagent en diligence. Ils se rendent à Moscou pour assister à un congrès et sont en retard. Pour gagner du temps, Kruvajan paie le cocher afin qu'il aille au plus court à travers la forêt. Ce dernier a peur de rencontrer la sorcière dans ce lieu maléfique.

La voiture perd une roue. Les deux voyageurs entrent dans une construction en ruines et descendent dans une crypte. Un mouvement de caméra suggère qu'une mission particulière attend ces voyageurs curieux. Ils trouvent le tombeau de la sorcière. Une vitre avec une croix laisse voir le Masque du démon qui recouvre le visage de la sorcière. Andreï sort. Le professeur reste seul. Il est attaqué par une chauve-souris et tire dessus avec son pistolet ; une pierre tombe sur la vitre de la tombe et la casse. Kruvajan, curieux, enlève le masque et se coupe à la vitre cassée : une goutte de sang tombe sur le visage de la sorcière. Ce dernier est resté intact, sauf ses yeux absents qui ne laissent que des orbites vides.

Dehors, Kruvajan et Gorobec rencontrent une belle jeune fille avec des chiens. Katia, la fille du prince Vajda qui ressemble étonnamment à Asa... Les deux hommes emmènent une icône de la crypte. La caméra retourne dans le tombeau pour un gros plan sur les orbites vides de la morte qui grouillent de vers.

Au château, Katia joue du piano, le prince Vajda médite, sombre devant le feu, en présence du jeune frère Costantino. Deux tableaux au mur, dont l'un est celui d'Iavutich (ce qui semble indiquer qu'il faisait partie de la famille). Un tableau a changé : désormais, un dragon (un griffon) est mort. C'est la Saint George : il y a deux siècles que la malédiction est lancée. Le prince Vajda raconte comment, il y a un siècle, la princesse Macha, qui ressemblait également à la sorcière, a été tuée par elle. Dans l'alcool de son verre, il voit le Masque du démon !

La caméra retourne au tombeau : des yeux poussent à la sorcière.

Kruvajan et Gorobec sont à l'auberge. Une adolescente doit aller traire les vaches à l'étable près du cimetière (qui n'a pas eu peur, enfant, quand un parent a ordonné d'aller chercher quelque chose en pleine nuit à la cave ?). Elle a très peur d'y aller. Longue scène au cours de laquelle la fille effrayée rejoint l'étable dans la nuit. Kruvajan se promène en fumant sa pipe et lance un caillou dans l'eau. L'eau fait des ronds dans lesquels s'incruste le visage de la sorcière qui parle : « Iavutich : lève-toi ! lève-toi ! »

Retour à l'étable. Des coups de tonnerre éclatent. De l'intérieur de l'étable, la caméra filme le vieux cimetière au travers du cadre que forme la fenêtre : la terre d'une tombe remue, une main émerge, une autre et le Masque du démon apparaît. L'homme fait quelques pas et arrache son masque.

Au château, le prince se réveille, un courant d'air secoue tout dans la grande pièce... et la porte de sa chambre s'ouvre sur Iavutich, un dragon en forme de S brodé sur sa poitrine (il y a le même au fond de la cheminée). Il s'approche menaçant, mais le prince le repousse en lui montrant une croix.

Le sorcier se rend à l'auberge chercher le docteur Kruvajan en lui faisant croire que le prince avait besoin de lui. Il l'emmène en carrosse au château où ils empruntent le passage secret qui mène à la crypte. Ce passage se trouve au fond de la cheminée derrière le dragon en forme de « S ». Kruvajan est laissé seul. Asa est toujours dans son tombeau, mais, cette fois, elle a retrouvé ses yeux. Le docteur, effrayé, tente de fuir. Le tombeau se disloque et la vampire s'exclame : « Je t'attendais ! » elle l'hypnotise (toujours le pouvoir des yeux...) et le vampirise par un baiser. Elle a besoin de tout son sang pour vivre...

Le professeur Kruvajan apparaît à la famille Vajda réunie au complet au château. Il hypnotise le prince bien qu'ayant peur du crucifix. Dans la crypte, le vampire Iavutich explique à Asa qu'il faut tuer Katia. Au château, Katia restée seule avec le docteur vampirisé et son père le prince va se coucher...

Toutes les portes grincent...

Au petit jour, le prince est mort... Kruvajan, devenu vampire, a disparu. Les gens du village trouvent un cadavre au bord de la rivière. Andreï Gorobec se lève et ne voit plus le professeur Kruvajan. Il se rend au château pour aller aux nouvelles. Le cadavre découvert au bord de la rivière s'avère être celui de Boris, le cocher du château.

Au château, Katia s'évanouit et Andreï la porte sur son lit et la soigne. Il dégrafe son corsage...

L'adolescente qui s'était rendue à l'étable a vu la voiture, non pas conduite par Boris, mais par le vampire Iavutich, exécuté il y a deux siècles.

Andreï qui est également docteur constate, en examinant les corps, qu'ils ont été saignés à blanc. Au pope présent, il explique l'affaire du tableau.

À minuit, le passage secret au griffon (le dragon au fond de la cheminée) s'ouvre pour laisser passer le professeur Kruvajan et le vampire Iavutich. Ce dernier ordonne : « Va ! »

Chambre de Katia : elle se déshabille et, derrière elle, les rideaux bougent.

Chambre d'Andreï : l'icône tombe au sol.

Chambre de Katia : elle enlève la croix qu'elle portait et une main sort de derrière les rideaux ; elle crie et appelle les jeunes hommes au secours. Andreï va alors chercher un calmant et rencontre Kruvajan à qui il montre l'icône qui le fait fuir. Les chiens ont été saignés. Le pope essaie de comprendre ce que signifie l'icône. Scène romantique entre Katia et Andreï devant une fontaine.

Un cierge enflamme un rideau. Un domestique tente d'éteindre ce début d'incendie et crève le portrait d'Iavutich : il y a un passage secret derrière ! Costantino (le frère de Katia) actionne un levier qui fait s'ouvrir le passage derrière la cheminée. Andreï et lui l'empruntent et la porte se referme derrière eux laissant seul le domestique qui se fait étrangler avec une cordelette. Andreï et Costantino arrivent dans la crypte et voient Asa, la vampire. Costantino rebrousse chemin, mais se heurte à la porte fermée du passage de la cheminée. Iavutich apparaît et Costantino disparaît dans une oubliette. Andreï et le pope vont au cime-

tière et trouvent la terre de la tombe d'Iavutich retournée et le Masque du démon. Dans
le cercueil se trouve le corps de Kruvajan. Le
pope pose la croix sur son front qui brûle. Le
religieux a compris l'icône : pour sauver l'âme
du vampire, il faut lui traverser le crâne par
l'œil gauche.

Katia erre dans le château et appelle : « Ivan !
(le domestique) Costantino ! » Elle trouve
Ivan pendu et crie : « Au secours ! Au secours ! » Elle pleure sur le corps de son père
dans son cercueil. Le prince ouvre les yeux et
lui dit qu'il n'est plus son père. Elle s'évanouit.
Le prince essaie de la mordre au cou, mais Iavutich l'en empêche et le jette dans la cheminée où son corps brûle. Le vampire emmène
Katia vers Asa la vampire... Andreï, revenu,
trouve le cercueil du prince vide. Asa prend le
bras de Katia. Iavutich empêche Andreï de
passer ; ils se battent au bord de l'oubliette.
Les plans alternent entre le combat des deux
hommes et la scène entre Katia et Asa. Celle-
ci tente de mordre son sosie, mais elle porte
une croix. Andreï est vainqueur et on retrouve
Costantino.

Andreï accourt et retrouve Katia. Mais, non !
c'est Asa ! Il va crever l'œil gauche de Katia !
mais il voit la croix... et comprend sa méprise.
Il la pose sur le front de la jeune fille et rien
ne se produit. En écartant la cape d'Asa, il voit
que son corps n'est qu'un squelette. Asa essaie de l'hypnotiser. Le pope arrive avec la
population en colère et brûlent la sorcière.

Quand elle meurt, Katia revit... Dernier plan sur le bûcher.

Asa revit-elle dans le corps de Katia ?

Fin.

Le Masque du démon (1960) (La Mascheria del demonio). Réal. Mario Bava. Ass. Réal. Vana Caruso. Sujet de Ennio De Concini et Marcello Coscia d'après la nouvelle de Nicolas Gogol : *Vij*. Sc. Ennio De Concini, Mario Serandrei, Mario Bava et Marcello Coscia. Dir. Ph. Mario Bava. Op. Ubaldo Terzano. Script Girl : Bona Magrini. Mont. Mario Serandrei. Dir art. Giorgio Giovannini et Mario Bava. Cost. Tina Loriedo Grani. Mus. Roberto Nicolosi. Prod. Galatea et Jolly Film. Prod. Dél. Massimo De Rita pour Galatea.Premier ass. Prod. Paolo Mercuri, second ass. Prod. Amando Govoni. Filmé aux studios Titanus. Avec Barbara Steele (Asa et Katia), John Richardson (Andreï Gorobec), Andrea Checchi (le docteur Kruvajan), Ivo Garrani (prince Vajda), Arturo Dominici (Iavutich), Enrico Olivieri (Costantino Vajda) et Antonio Pierferderici, Tino Bianchi, Clara Bindi, Mario Passante, Germania Dominici, Renato Terra. Film noir et blanc.

Les Films

Le Golem de Paul Wegener et Carl Bœse (1920), la légende du Golem. La créature artificielle refuse sa condition inhumaine... Décors et maquettes créent une atmosphère fantastique dans l'harmonie et l'élégance. Étrange, non ?
Sur le même thème, d'après Gustav Meyrink : *Le Golem* de Julien Duvivier (1935).

Le Docteur Mabuse, le joueur et Inferno de Fritz Lang (1922), film expressionniste prémonitoire du grand cinéaste allemand. Un très très long film en deux parties, avec des décors gothiques, des maquillages pour rendre vivant le regard e Mabuse. Ce film verra de nombreuses suites jusqu'après la guerre, mais bien souvent le côté fantastique de l'art de Fritz Lang dans ce film sera laissé de côté. On peut aussi reprocher à ce film son côté géométrique.

Frankenstein de James Whale (1931), prodigieux avec Boris Karloff ! De nombreux critiques comparent la scène célèbre et très émouvante du monstre avec la petite fille au bord de l'eau avec une scène du *Golem* de Paul Wegener (1920) où on voit une petite fille tendre un fruit au monstre. Film américain qui donnera une impulsion expressionniste au cinéma fantastique d'outre-Atlantique.

Dracula de Tod Browning) (1931), le moins bon de Browning qui tente de nous effrayer en éclairant les yeux de Bela Lugosi très bavard. Quelques scènes célèbres à noter : celle de la toile d'araignée, de l'escalier et de l'exécution de Dracula...

La Marque du vampire de Tod Browning (1935), Bela Lugosi officie de nouveau dans le rôle du vampire. Démonstration magistrale de l'effet fantastique produit par le cinéma avec une chute surprenante.

Le Fils de Frankenstein de Rowland V. Lee (1939). Décors tordus et ombres expression-nistes comme dans *Le Cabinet du docteur Caligari* (1919 – Robert Wiene)

Le Spectre de Frankenstein d'Erle C. Kenton (1942)
Avec Bela Lugosi et Lon Chaney Junior.
La malédiction de Frankenstein plane encore sur le village.
Le Monstre n'est pas mort, « il a survécu à la mine de soufre ».
Ygor le gardien emmène le monstre voir un des deux fils du docteur Frankenstein. Ce fils est psychiatre, il soigne les "fous". Ygor pense que ce docteur peut maîtriser la foudre qui pourrait guérir le Monstre. Une version fantas-tique de l'électrochoc. Enfin la solution sera cherchée dans la greffe d'un nouveau cerveau. D'autre part, le Monstre s'intéresse à la jolie fille du docteur, qui est fiancée au procureur.

Comme d'habitude Lon Chaney Jr (qui n'est jamais arrivé à la cheville de son père) est très emprunté et Bela Lugosi cabotine.

Ah ! la fée électricité !

Scénario tiré par les cheveux, mauvais acteurs... mais ces vieux films de l'Universal ont gardé tout leur charme.

Frankenstein rencontre le loup-garou de Roy William Neill (1943). Malgré son titre racoleur, ce film n'est pas si mal. Il renvoie bien sûr au *Frankenstein* de James Whale, ou plutôt à sa suite *La Fiancée de Frankenstein* (1935) avec le prologue dans le cimetière et aussi au *Loup-garou* de Waggner (1941). Il y a tous les ingrédients des films d'horreur modernes : une explication "scientifique" ("c'est un lycanthrope") qui permet de rendre l'histoire rationnelle donc plus vraisemblable donc plus horrible... Il y a la Gitane qui *sait.* Le monstre est pris dans la glace et Bela Lugosi a enfin rencontré le rôle qu'il avait refusé pour le *Frankenstein* de Whale et accepté alors par Boris Karloff. Le docteur n'a pas besoin de la foudre, il utilise l'énergie hydraulique et tous les instruments de la science moderne de l'époque, même la radiographie !

Son of Dracula de Robert Siodmak (1943). Un scénario assez original sur les vampires, un film tout en expressionnisme avec un délicieux noir et blanc, mais un Lon Chaney Jr pas vraiment à sa place en Dracula...

Le Récupérateur de cadavres de Robert Wise (1945), un médecin paie un homme mystérieux pour obtenir des cadavres afin de réaliser des expériences. Magnifique interprétation de Boris Karloff. Ombres et lumière, mort et vie : doit-on tuer pour les progrès de la science ?

Une autre adaptation de la nouvelle de Stevenson : *L'impasse aux violences* de John Gilling (1960).

Le Mystère du château noir de Nathan Hertz Juran (1952), film gothique par excellence. Recherche de disparus dans un vieux château.

La Revanche de Frankenstein de Terence Fisher (1958), le meilleur des Frankenstein de Fisher interprété par Peter Cushing, tous produits par la Hammer. C'est vraiment un très bon film. Le docteur Frankenstein utilise son hôpital comme « gisement » de pièces de rechange humaines.

Le Sang du vampire de Henry Cass (1958)

C'est le retour de la Hammer dans les salles. Donc Artus Films profite de ce regain d'intérêt pour éditer des films de ce superbe studio relativement oubliés. Et c'est formidable.

Ce film contient donc tous les ingrédients du film d'horreur british des années 50 : l'assistant du vampire difforme, les belles serveuses aux profonds décolletés à la taverne, le chirurgien genre Frankenstein, et les couleurs, superbes couleurs ! Et aussi les chevauchées dans la forêt, l'arrivée au sinistre château qui est une prison et le laboratoire dans les sous-sols gothiques du château.

Tout cela relève des canons du roman Dracula et il y a même le portrait du fiancé du jeune homme qui attire le vampire. Enfin, ici c'est plutôt l'assistant monstrueux qui est attiré par la fille…

Chienne de vie ! Ou plutôt de mort !

Ce film est la version « continentale » avec des scènes érotiques « osées », la version anglaise étant plus soft…

Regarder le supplément qui apprend bien des choses sur ce film.

Par exemple, que le scénariste est aussi celui d'autres films de la Hammer : *Le Cauchemar de Dracula, Dracula prince des ténèbres, Les Horreurs de Frankenstein*, etc.

Attack of the 50FT woman de Nathan Juran sous le pseudonyme de Nathan Hertz (1959). Avant de voir ce film, j'en avais vu le remake réalisé par Christopher Guest (1993) qui ne m'avait pas paru suffisamment intéressant pour que je le cite. Or, ce film de Juran (un spécialiste de séries B et de nanars) présente un certain charme. Le sens de la culpabilité est bien rendu, à tel point qu'il m'a fait penser au roman gothique *Le Château d'Otrante* (1764) d'Horace Walpole, dans lequel la culpabilité s'exprime aussi par l'apparition d'un être humain géant… Une énorme sphère blanche atterrit sur la célèbre route 66 en Californie devant la voiture d'une femme trompée par son mari. Une main géante entre dans le champ... On se demande ensuite comment le mari peut tromper une si belle femme (riche de surcroît...) avec une grue d'hôtel. La scène la meilleure est celle de la "visite" du satellite extraterrestre par des humains, quand le shérif et le serviteur de la dame sont filmés au travers de sphères de cristal... Magnifique traitement humoristique du film d'horreur et de ses effets spéciaux.

La Cité des morts de John Moxey (1960)
Ce film est intéressant à plus d'un titre. Son scénario semblerait avoir inspiré ou s'être inspiré de plusieurs films : *L'Antre de la folie* (1994) de John Carpenter (avec le village maudit), *Rendez-vous avec la peur* (1957) de Jacques Tourneur (avec le sorcier et la malédiction), Le *Masque du démon* (1960) de Mario Bava (le retour de la sorcière)...
Le film est ultra fauché et remplace les décors par le brouillard cher à Roger Corman. Christopher Lee est bon comme à son habitude et, de par l'intertextualité de ce film, on prend un certain plaisir à le regarder.

Le Masque du démon de Mario Bava (1960), chef-d'œuvre du gothique, début du gore, ce film eut des ennuis avec la censure, car la première scène montre une violente exécution par une "vierge de Nuremberg" (un masque avec des pointes à l'intérieur appliqué sur le visage à coups de massue). Deux vampires exécutés autrefois par ce procédé cruel re-viennent à la vie grâce à quelques gouttes de sang d'un voyageur. Formidables mouvements de caméra. Avec l'actrice fétiche de Bava : Barbara Steele. Extrait de *Vie des fantômes* de Jean Louis Leutrat : *« L'histoire se déroule au sein d'une même famille. Elle relie deux femmes de cette famille à deux siècles d'inter-valle. Un mouvement de caméra allant de la fille au père insiste sur l'idée de lignée. Le père est celui qui a assuré la descendance, la filiation satanique. Lorsque la caméra filme son fauteuil de dos, tout en s'en approchant, il est difficile de ne pas penser à* Psychose *qui est la même année. Mais au lieu de révéler la momie d'une mère, ce mouvement aboutit à la figure d'un père catatonique. »* Voir au cha-pitre des chefs-d'œuvre.

La Nuit du loup-garou de Terence Fisher (1961), célèbre pour le maquillage du loup, dont la photo est souvent utilisée pour illustrer le genre.

La Chambre des tortures (The pit and the pendulum). (1961) Couleurs. Scénario de Ri-chard Matheson d'après E. A. Poe. Avec Vin-cent Price. Lointain rapport avec Poe, Mathe-son ayant complètement raté le scénario. Très beau film quand même.

Le Fantôme de l'Opéra de Terence Fisher (1962). Un pendu sur la scène, une voix qui traverse les murs... un chasseur de rats, un

fantôme borgne masqué, une espèce de Qua-
simodo tueur, une partition sur un paravent,
un incendie dans une imprimerie, un producteur qui s'approprie l'œuvre musicale d'un disparu et... la vengeance de ce dernier. Il y a le
fleuve aussi... Terence Fisher filme tout cela
sans imagination... Autres films tirés du roman de Gaston Leroux : *Le Fantôme de
l'Opéra* de Rupert Julian (1925) – *Le Fantôme
de l'Opéra* d'Arthur Lubin (1941) – *Phantom
of the Paradise* de Brian de Palma (1975) –
Terreur à l'Opéra de Dario Argento (1987) –
Le Fantôme de l'Opéra de Dwight H. Little
(1990) – *Le Fantôme de l'Opéra* de Dario Argento en 1999...

La Tour de Londres de Roger Corman
(1962). Remake du film de Rowland W. Lee
(1939) avec Boris Karloff. Cette fois c'est avec
Vincent Price toujours aussi bon. Les scénaristes (Leo Gordon, Amos Powell et James B.
Gordon) ont rajouté les fantômes.

La Tour de Londres de Roger Corman
(1962). Remake du film de Rowland W. Lee
(1939) avec Boris Karloff. Cette fois c'est avec
Vincent Price toujours aussi bon. Les scénaristes (Leo Gordon, Amos Powell et James B.
Gordon) ont rajouté les fantômes.

L'effroyable secret du Docteur Hichcock
de Robert Hampton (1962)
Ce film est de Riccardo Freda qui utilise son
habituel pseudonyme anglo-saxon.

Il faut savoir que les réalisateurs italiens de fantastique des années 60 ont tous utilisé ce procédé pour faire croire à un film anglais, car ils voulaient surfer sur le succès des films de La Hammer (Dracula, Frankenstein, etc.), mais aussi, jusqu'aux années 70, sur des films d'horreur américains, comme Lucio Fulci avec ses deux films de Zombies.

L'éditeur du DVD de ce film (Artus Films) le classe dans sa collection « Gothique ». Je veux bien si on se réfère au fait que ce film est construit comme les films de Terence Fisher avec les couleurs et les plans habituels des films de La Hammer. Mais en fait, tout cela n'est qu'un camouflage artistique pour raconter une histoire très rare au cinéma, celle d'un nécrophile. C'est cela le « secret effroyable » : la nécrophilie. Mais ne vous inquiétez pas, pas question de scènes nécro/pornos... Non, tout est suggéré, c'est ce qui fait la beauté de ce film.

Il a un autre atout : la présence de Barbara Steele comme actrice principale. Tout film avec cette actrice mérite d'être appelé un bon, voire un grand film.

Le générique est en noir et blanc, mais le film est en couleurs. L'intrigue se déroule à la fin du XIXe siècle comme tous ces films de La Hammer inspirés de près ou de loin des œuvres littéraires que sont le *Dracula* de Bram Stoker et le *Frankenstein* de Mary Shelley.

Contrairement à ce que j'ai lu quelque part, le nom du docteur « Hichcock » n'est pas ressemblant par hasard au nom du grand réalisateur Hitchcock. Ce serait bien prendre Freda pour un imbécile de le croire. C'est, bien sûr, un hommage et sans doute Freda a-t-il enlevé le « T » pour se protéger juridiquement d'une accusation d'utilisation du nom d'un autre réalisateur. D'ailleurs plusieurs scènes sont un hommage à l'œuvre d'Hitchcock. Et il va sans dire que l'on sent nettement l'influence du film *Psychose* (1960) dans le scénario du film de Freda...

Plus tard, en 1965, Roger Corman reprendra le thème de l'épouse d'un veuf hantée par la conjointe disparue, mais sans la nécrophilie. C'est dans le film *La Tombe de Ligeia* (1965) inspiré d'une œuvre d'Edgar Poe (*Ligeia* 1838).

Une suite : *Le Spectre du professeur Hichcock* (1963)

L'empire de la terreur de Roger Corman (1962), une adaptation de nouvelles d'Edgar A. Poe. Du Corman avec chevauchées, château et brume.

Le Manoir de la terreur de Martin Herbert (Alberto de Martino) (1963)
Le titre de ce film a été aussi « Horror », et parfois daté en 1962. Autres titres : « Demoniac », « The Blancheville Monster »...

Le scénario est de Sergio Corbucci, pas moins !

Artus Film qui a édité ce film en DVD annonce une adaptation de La Chute de la maison Usher... Très tiré par les cheveux.

Nous sommes en Angleterre en 1884. Une jeune fille retrouve son frère en revenant dans le manoir familial avec une amie et le frère de celle-ci, qui est aussi l'amoureux de la jeune fille. Leur père est décédé. Un mystère terrifiant plane dans ce manoir. Une hantise ? Une malédiction ?

Il devait faire très froid pendant le tournage du film à voir la vapeur qui sort de la bouche des acteurs quand ils parlent.

Quant à l'histoire, elle ne tient pas ses promesses. Le film est en noir et blanc et la photo n'est pas terrible. On sent une volonté de s'inspirer du style des films de la Hammer, mais ça manque d'inspiration !

Comme dans « Vampyr » de Dreyer (1932), il y a un cercueil avec une petite fenêtre sur le couvercle pour voir le visage du mort. Ce fut le cas aussi dans le film « L'effroyable secret du docteur Hichcock » de Riccardo Freda (1962, sous le pseudonyme de Robert Hampton)..

Le château est une maquette au début du film et le tournage a eu lieu en Espagne dans le château de « L'horrible docteur Orloff » de Jess Franco (1961).

Le plus grand talent d'Alberto de Martino a été d'être un très bon imitateur…

Dans les suppléments du DVD, on apprécie une interview d'Alain Petit, comme toujours très intéressante. « Le film est contemporain de l'âge d'or » du gothique italien, dit-il.

La Maison du diable de Robert Wise (1963), une maison hantée, un film effrayant sans aucun effet spécial où le son est toujours vecteur de la terreur, en association avec l'image, bien sûr. Un escalier métallique en spirale qui mène à la mort et que l'on emprunte poussé par son angoisse... Un chef-d'œuvre qui touche le spectateur au fond de cette culpabilité qui existe en chacun de nous. Remake : *Hantises* (Jan De Bont) 1999. Ces films sont des adaptations du roman de Shirley Jackson *La Maison hantée.* Shirley Jackson se définissait elle-même comme une vraie sorcière.

La Malédiction d'Arkham de Roger Corman (1963), Charles Dexter Ward renaît une fois de plus pour la malédiction de la petite ville d'Arkham. Bonne adaptation de Lovecraft. On annonce A. E. Poe au générique, mais c'était parce que Lovecraft n'était pas connu, et Corman était célèbre pour ses adaptations de Poe qui n'a rien à voir avec ce film.

The Terror (1963) Scénario de Leo Gordon et Jack Hill. Francis Ford Coppola a réalisé la moitié du film. Avec Boris Karloff, Jack Nicholson. Tourné dans le décor du château du « Corbeau ». Jack Nicholson se promène beaucoup dans les couloirs. Film culte aux États-Unis. Fantastique gothique.

Le Manoir maudit d'Antonio Bocacci (1963) Le réalisateur a signé ce film du pseudonyme d'Anthony Krystie.

Un film en noir et blanc d'assez mauvaise qualité.

Un château en plan fixe qu'on voit souvent dans les films fantastiques italiens.

Deux jeunes filles qui y ont pénétré sont enlevées par un homme au visage difforme qui les torture à mort. Une autre jeune fille venue avec son père se retrouve dans la salle des tortures du château. Le pauvre spectateur a droit à un défilé de monstres en carton-pâte.

Les plans sont répétitifs. Avec la déambulation des personnages dans le château au travers de multiples portes, le réalisateur veut faire du Dreyer comme dans *Vampyr,* mais c'est raté.

Supplément du DVD de chez Artus films : « **la tombe des tortures »**, par Alain Petit.

Bocacci n'a réalisé qu'un seul film, celui-ci. Mais l'année 1963 fut une belle année pour le gothique italien, avec deux Mario Bava (Le Corps et le fouet & Les trois visages de la peu) et des Margheriti (La Danse macabre & La Vierge de Nuremberg) et... La Crypte du vampire, etc., et quelques petits films « clandestins ».

À côté de ces géants : ce petit film. Un film ou un roman-photo ? Un film ! Le plus mauvais des films gothiques italiens ! Pourtant il a bien été diffusé à la télévision américaine.

La dernière demi-heure est intéressante, le monstre aussi... C'est Alain Petit qui le dit...

La Tombe de Ligeia (1964) de Roger Corman. Scénario d'après Poe. Avec Vincent Price. Fantastique, le meilleur de Corman.

La Sorcière sanglante d'Antonio Margheriti sous le pseudonyme d'Anthony Dawson (1964), film gothique dans lequel Barbara Steel, comédienne fétiche de Mario Bava, tient de nouveau le double rôle de victime et de spectre (comme dans *Le Masque du démon* de Mario Bava et *La Chambre des tortures* de Corman).

L'orgie des vampires de Renato Polselli (1964)

Artus films s'est fait la spécialité d'exhumer des films complètement oubliés même si leur qualité peut laisser à désirer. Mais cela est un grand plaisir de cinéphile de voir ces réalisations et de les analyser.

Le titre italien du film est « Il monstro dell opera ». Traduction : « Le monstre de l'opéra »

En fait, s'il y a bien un vampire et son harem de vampires il n'y a pas vraiment d'orgie.

C'est un film en noir et blanc.

En prologue, une fille en chemise de nuit fuit dans la nuit… poursuivie par un homme en smoking qui ricane. On devine que l'homme en smoking est le vampire. Le smoking est une influence du film *Dracula* de Tod Browning (1931).

Une troupe de spectacles composée essentiellement de jolies filles s'installe dans un théâtre abandonné. Hanté par un vampire.

Les changements de perspective sont intéressants.

Lily ressemble à Laura la fiancée du vampire (cf Mina dans Dracula…)
Beaucoup de bavardages et d'explications (ah ces Italiens !)
La maîtresse de Stéphane est mariée…
Vivement que le film soit fini !
La copie du film en version française n'étant pas complète elle a été complétée par les passages manquants qu'on trouve en version originale et qui ont été sous-titrés par Artus films.
Ce film fait partie de la collection « Gothique » D'Artus Films.

Dracula prince des ténèbres de Terence Fisher (1964), la suite du *Cauchemar de Dracula* de Fisher et avec Chritopher Lee. Dracula est reconstitué avec le sang d'un pauvre voyageur qui s'est perdu dans la région.
Ce film est suivi d'autres produits par la Hammer et qui commencent par la fin du précédent suivie de la résurrection du vampire : *Dracula et les Femmes* de Freddie Francis (1969) – *Une Messe pour Dracula* de Peter Sasdy (1970) – *Dracula 73* d'Alan Gibson (1972). Avant *Dracula prince des ténèbres*, la Hammer avait produit un film dans lequel Christopher Lee avait refusé de jouer le rôle de Dracula, craignant d'être trop catalogué. Ce fut *Les Maîtresses de Dracula* de Terence Fisher en 1960. Contrairement à ce que suggère le titre, Dracula n'est pas présent, mais Van Helsing si, sous les traits de Peter Cushing.

L'empreinte de Frankenstein de Freddie Francis (1964)

Film de La Hammer au Titre original : *The Evil of Frankenstein.*

Les prologues des films de La Hammer sont toujours très denses. Ici on assiste à l'enlèvement du corps d'un défunt par un individu peu recommandable d'apparence, ceci sous les yeux d'une innocente jeune fille. Le laboratoire du baron Frankenstein est très coloré et très animé avec moult vapeurs (produites par l'azote liquide du responsable des effets spéciaux). Les opérations post mortem, bien que seulement suggérées, sont terrifiantes. Peter Cushing en docteur de l'horreur est toujours aussi bon. « Le travail du diable » affirme le prêtre de la paroisse. Le château du baron ressemble à celui du comte Dracula. Quant à l'étincelle de vie, elle provient de la fée électricité comme l'avait indiqué Mary Shelley.

Dans un film de Frankenstein tout est dans la créature. Ici elle est plutôt ratée.

Nouveauté : cette créature aime la chair fraîche, du moins dans la première partie du film.

Une histoire à dormir debout, mais il y a Peter Cushing.

La Crypte du vampire de Camillo Mastrocinque (1964)

Un joli noir et blanc avec Christopher Lee qui ne joue pas le vampire.

Le même château que dans *Le Cimetière des Morts vivants* et *Vierges pour le bourreau*.

Il y a trois jolies filles pas moins.

Un jeune restaurateur d'œuvres d'art arrive au château du comte Karlstein. Ce dernier veut enquêter sur une de ses ancêtres, exécutée autrefois pour sorcellerie. Il confie l'enquête au jeune homme, car il doit y avoir un tableau dans la maison qui montre le portrait de cette jeune femme ancêtre du comte.

Voilà une bonne idée de scénario.

La fille de Karlstein et sa gouvernante tentent de faire un cérémonial nécromancien pour découvrir si la jeune-fille n'est pas la réincarnation de la sorcière... Il semble que la jeune fille sorte possédée de cette cérémonie.

La fiche technique du film indique que le scénario est inspiré de la nouvelle *Carmilla* de Le Fanu. Soit. Mais il est aussi nettement inspiré du film *Le Masque du démon* de Mario Bava (1960).

Ce film comporte quelques magnifiques plans : quand Laura (la fille du châtelain) dort dans l'obscurité son visage éclairé... La scène où les deux jeunes filles trouvent le clochard pendu à la cloche de la chapelle abandonnée...

Mais qui est le vampire ?

Le mystère vous tient jusqu'au bout.

Ce film est très bon. Le scénario est excellent.

Le Corps et le fouet de Mario Bava sous le pseudonyme de John M. Old (1965), terreur dans un château dans lequel deux frères s'affrontent pour l'héritage. Fantôme ou illusion ?

Le sadisme est-il le produit de l'imagination du masochiste ?

Vierges pour le bourreau de Max Hunter (1965)

En fait, Max Hunter est le pseudonyme de Massimo Pupillo.

En prologue on assiste à l'exécution du bourreau (très théâtral) dans une « vierge de Nuremberg » qui est scellée avec le corps dedans dans les caves d'un grand château (qu'on revoit dans *Le Cimetière des Morts vivants* du même Pupillo, tourné dans la foulée...)

Après le générique, une équipe arrive pour trouver une ambiance gothique afin de faire des photos d'illustrations de livres d'horreur... (en référence à un comics)

Et devinez ? Ils vont réveiller le bourreau !

Ils font des photos d'horreur, mais la réalité va les rattraper. Les séances photo sont longuettes et les séances de torture sont désopilantes.

Il y a beaucoup d'explications, de morts et des bagarres.

« Il ne faut pas exagérer avec la mort, car souvent elle se venge cruellement... » sont les paroles de ce petit film délicieux.

Mais où sont les vierges ?

Les suppléments du DVD sont particulièrement intéressants avec un exposé d'Alain Petit sur ce film, ses producteurs, son réalisateur et les acteurs. Superbe !

Ce film représente « une fin de course » du cinéma d'horreur italien, qui reprendra vie avec le Giallo en 1970. Alain Petit qualifie ce film d'ancêtre des tortures movies, si à la mode de notre temps...

Le Cimetière des Morts vivants de Ralph Zucker (1965)

En fait c'est Massimo Pupillo qui a réalisé ce film. Ralph Zucker en est l'un des producteurs qui a tourné quelques scènes pour une version américaine. Pupillo n'a pas voulu le faire et a laissé tomber laissant même la signature du film à Zucker qui a également joué un petit rôle dans *Vierges pour le bourreau* réalisé par le même Pupillo au même endroit et la même année...

Là nous avons un superbe noir et blanc.

Et, oh ! quel plaisir, avec Barbara Steele en châtelaine mystérieuse...

Le titre original du film est *5 tombes pour un médium*.

Un notaire reçoit une lettre étrange pour enregistrer un testament auprès d'un reclus isolé dans un château.

En son absence, son associé s'y rend. Ce n'est pas sans rappeler le début de *Dracula*...

L'expéditeur de la lettre se nomme Jeronimus Hauff, nécromancien redouté de la région.

Comme souvent dans ces films, il y a un étrange domestique qui rôde par-ci par-là...

Ce lieu fut le théâtre, autrefois, d'une terrible épidémie de peste. Les cadavres avaient pollué l'eau. L'eau joue un rôle très important dans l'histoire, mais c'est un peu tiré par les cheveux.

Il en est question dans une comptine chantée par une apparition près du bassin.

Pas le moindre mort-vivant jusqu'à la fin ! Et encore on ne les voit pas.

Ces films d'épouvante italiens des années 60 sont délicieux.

Les bonus du DVD sont très intéressants : les scènes tournées pour la version américaine et l'interview d'Alain Petit qui apporte une mine d'informations sur ce film et aussi sur *Vierges pour le bourreau* (et vice versa...)

Les Amants d'outre-tombe de Mario Caiano (Allan Grünewald) (1966)

Un film gothique avec son château, sa crypte et ses fantômes. Mais aussi le docteur de l'horreur qui tue pour le sang des victimes qui permet à sa maîtresse de rajeunir...

Rien de bien original dans ce scénario de Caiano lui-même, sauf que, pour l'époque, les scènes de torture sont directes.

Dans ce château donc, un « scientifique » fait des recherches. Il y habite avec son épouse, une belle brune (Barbara Steele), l'homme à tout faire et aussi la vieille gouvernante qui va pouvoir rajeunir...

Le mari surprend les deux amants dans la serre, les torture et les tue. Il utilise le sang de la belle pour rajeunir sa maîtresse.

Le noir et blanc est superbe, les personnages entrent et sortent des pièces, ouvrent et ferment des portes... Il y a un peu du *Vampyr* (1932) de Dreyer dans ce film...

« Ce n'est pas mon cerveau qui vous inté-resse ! » Déclare la (jeune) gouvernante au châtelain…

À l'affiche de ce film deux grands du cinéma : Barbara Steele et Ennio Morricone !

Artus Films offre deux suppléments au DVD : Alain Petit nous parle du « gothique italien » avec un peu de lassitude et, ô bonheur, Caiano lui-même est interviewé ! Il déclare par exemple : « Nous étions des artisans sans ambition. On inventait des choses. On faisait ce que l'on pouvait avec ce que l'on avait. »

Alain Petit quant à lui, s'il explique l'utilisation du noir et blanc par les mesures d'économie nécessaire à ce film sans budget, il lui donne un rôle réel dans la création artistique, puisqu'il renvoie aux films muets allemands expressionnistes…

Les Nuits de Dracula de Jess Franco (1969). Klaus Kinski joue le rôle de Renfield. La langueur du cinéma de Jess se met au service du roman de Bram Stoker auquel il reste très fidèle. Christopher Lee joue le rôle de Dracula.

Contronatura d'Antonio Margheriti (1969)

Le film est signé sous le pseudonyme d'Anthony Dawson.

Dès le début du film (l'arrivée d'un protagoniste dans une salle de jeu) on sent la classe du réalisateur : les plans, le montage, le cadrage, les mouvements des personnages et de la caméra, tout cela met immédiatement une ambiance gothique avec un soupçon de suspense.

Transition de plans, jeux de miroirs, angles de vue bizarres : l'influence de l'expressionnisme allemand se met au service de cette histoire de vengeance et de sexe.

Une histoire noire, très noire...

Supplément du DVD de chez Artus films : « **des cris dans la nuit** », par Alain Petit.

Ce film n'a pas sa place dans un courant.

Le gothique italien a vu sa fin en 1966 et Contronatura, qui date de 1969, est vrai film gothique qui aurait sa place à l'époque de l'âge d'or.

Contronatura est un grand film gothique !

The Vampire lovers de Roy Ward Baker (1970). J'adore ces films de La Hammer. Celui-ci est un petit bijou du genre. Le générique annonce qu'il est inspiré du *Carmilla* de Le Fanu (avec quelques ingrédients de *Dracula).* Cette Carmilla se nomme d'abord Mircalla, puis Marcilla et enfin Carmilla. Avec les grands Peter Cushing (qui finit par tuer son vampire) et Ingrid Pitt qui joue merveilleusement et érotiquement Carmilla. Ah ! percer un si beau sein !

« Il ya trop de contes de fées dans cette région » déclare la gouvernante française. Oui, une fois de plus le rationnel sert à cacher l'irrationnel, à lui permettre de sévir sans être reconnu... Mais bon sang, pourquoi elles ne ferment pas leur fenêtre ! Le petit travelling

arrière sur le trou de serrure devrait entrer dans l'histoire du cinéma !
Une petite suite :

La Mariée sanglante de Vicente Aranda (1970)
D'après « Carmilla » de Sheridan Le Fanu.
Des jeunes mariés arrivent à l'hôtel. La jeune femme est encore en robe de mariée. Elle se fait agresser en l'absence du mari et ne veut pas rester à l'hôtel. Ils vont donc s'installer dans le manoir de la famille du mari. Lors de la nuit de noces, la jeune femme n'acceptera pas certaines pratiques sexuelles de la part de son mari. Elle trouve le portrait (sans visage) de Mircala dans la cave. Mircala Karstein.
Avec des citations de Platon et de Jung (sur les rêves) et le complexe de « Judith ».
« Carmilla » est une histoire de vampirisme lesbien.
Et la fin est grossièrement machiste. Normal pour un film espagnol ?

Les Cicatrices de Dracula de Ray Ward Baker (1970)
Ce film constitue la suite de *Une Messe pour Dracula*, sa suite sera *Dracula 73*.
Travelling avant sur le château puis gros plan sur une cape pourpre étalée sur un autel de pierre. Une chauve-souris crache du sang qui fait renaître Dracula. Toujours la même méthode : le sang !
Résultat, quelque temps après on retrouve une belle jeune fille vidée de son sang.

Les villageois organisent une expédition puni-
tive vers le château.

On retrouve les thèmes classiques des « Dracula » de la Hammer : l'auberge, le sexe et
l'horreur. Et dans ce film, en plus, c'est très
dévergondé.

Une autre révision du *Dracula* de Bram Stoker.
Le jeune Harker (Paul) fiancé (plus ou moins
ici) se rend (par hasard ici) au château de
Dracula où il est séduit par la maîtresse de ce
dernier. Les scènes classiques de la découverte de Dracula dans son cercueil et de la
photo de la « fiancée » de Paul (oui, ici il
s'appelle Paul), Dracula qui rampe le long des
murs...

On ne voit rien de la scène du dépeçage d'un
corps, mais le procédé cinématographique
nous le fait bien deviner.

Ici c'est l'inverse : ce n'est pas Dracula qui ira
à elle, mais elle qui ira à Dracula.

Le Frisson des vampires de Jean Rollin
(1970). Décidément je n'arrive pas à trouver
de l'intérêt à ce film. *« On croirait un film
d'amateur »*, m'a déclaré une jeune téléspec-
tatrice. Jean Rollin filme beaucoup les murs et
objets du château, use et abuse du panora-
mique dans les pièces – sa caméra est constamment en rotation – le scénario est sim-
pliste, les acteurs particulièrement mauvais.
Les éclairages tentent de rappeler Mario Bava... mais sans vraiment y parvenir. On a aussi pu voir *La Morte vivante* (1982) de Jean
Rollin...

Les Sévices de Dracula de John Hough (1971)
Cette fois Mercalla apparaît juste pour vampiriser le comte Krstein et ensuite on n'a plus aucune nouvelle d'elle dans le film ! (Il n'y pas de Dracula dans le film qui s'appelle *Twins of Evil* en VO). Un film assez étonnant, du pur Hammer avec l'immoralité qui lui va si bien (mais la fin est très morale). « Je n'aime pas les hommes honnêtes », déclare Frida l'une des belles jumelles. Mélange de vampirisme et de sorcellerie, les décolletés féminins y sont plus profonds que jamais. On retrouve avec plaisir toujours la même forêt présente dans les films de la Hammer. Le personnage joué par Peter Cushing est plus ambigu que jamais...

Les Nuits de Dracula de Jesse Franco (1971)
Le titre est racoleur, je ne sais pas si c'est Franco qui l'a choisi.
Avec Christopher Lee dans le rôle de Dracula et Klaus Kinski dans le rôle de Reinfield.
Vues du château en hiver (sans doute piquée sur un autre film) avec musique pompeuse. À Burgos, on ne voit presque rien, car il y a du brouillard. C'est pourtant la scène où Dracula vient chercher Harker en calèche.
Le face-à-face Dracula Harker est très ampoulé. Christopher Lee semble dormir debout. La musique tonitruante est embarrassante. La scène du corbillard avec les quatre chevaux noirs qui entre dans le champ est superbe. La

meilleure scène du film, mais elle ne dure pas longtemps.

Les raisons de la folie de Reinfield ont été changées par rapport au roman de Stoker. De même qu'il y a une simplification des lieux pour des raisons évidentes d'économie : tout se déroule à l'asile d'aliénés à Budapest en Hongrie après le retour de Harker du château de Dracula ! Franco a également modifié les personnages : Van Helsing est le directeur de l'asile et Seward (le directeur de l'asile dans le roman) est son assistant.

Jesse franco a dû recycler pas mal de métrage provenant d'ailleurs pour ce film. Mais malgré cela il a dû en manquer, car une scène comprend de multiples plans sur des animaux empaillés, ce qui lui a économisé des décors et des heures de comédiens. Et tout cela avec une sono épouvantable !

Franco était comme ça : il savait faire des films avec des bouts de ficelle et des raccords au rabais. Quand il partait tourner un film sur commande, il en profitait pour tourner des scènes d'un autre film qu'il avait en projet. Il ne se gênait pas de reprendre plusieurs fois certaines scènes ou plans d'un film pour d'autres films...

C'est pourtant un cinéaste important. Il a rendu quelques chefs-d'œuvre et réalisé un nombre incalculable de films.

C'est un modèle de création artistique qui ne se laisse pas arrêter par des contingences matérielles, y compris les fautes de frappe et les

coquilles, celles du cinéma, bien sûr, qui existent tout autant.
NB. C'est écrit "Jesse" Franco au générique du
film...

Baron vampire de Mario Bava (1972)
Le château est magnifique.
Le style emprunté de Mario Bava ainsi que le
jeu des acteurs donne un certain style à ce
film, bien qu'il le date également.
Comme toujours dans ses films, le spectateur
est ébloui par certains plans
d'expressionnisme de couleurs, spécifique de
ce courant italien des films dits Giallo, repris
et développé par Dario Argento. C'est le cas
notamment pour la scène de l'arrivée au château et celle de l'incantation.
Bien qu'il y ait le mot « vampire » dans le
titre, il ne s'agit pas d'un vampire, mais d'un
revenant. Néanmoins, le scénario mélange les
thèmes de Dracula, Bathory et l'affaire Charles
Dexter Ward de Lovecraft...

La Nuit des maléfices de Piers Haggard
(1971)
On est toujours chez la Hammer grâce à Artus
Films.
Sorcellerie, bouquets d'aubépine : Belzébuth
n'est pas loin !
Il est toujours fécond le ventre qui engendra
la bête immonde !
Les ruines d'une ancienne église au cœur de la
forêt. L'empreinte de Satan est une touffe de
poils qui pousse sur le corps.

« Cette paroisse est contaminée ! Quels sont les effets du mal ? » Questionne le juge.

Tout cela est très emberlificoté. Quel ennui.

Dans le supplément Alain Petit fait un historique des films de sorcellerie. Il explique aussi que Pers Haggard, qui est le petit-fils de l'écrivain Henry Rider Haggard (*Les Mines du roi Salomon*) est aussi le réalisateur du quatrième opus de la série des *Professeur Quatermass*.

Horror Hospital d'Anthony Balch (1973)

(L'hôpital de l'horreur) A la Hammer chez Artus Films.

Un château perdu dans la campagne.

Un docteur de l'horreur servi par un nain.

Des « patients « zombiesques ». Belle ambiance gothique.

 On reconnaît bien les seventies : pantalons patte d'éléphant, cheveux longs et idées courtes, libres mœurs...

Les deux gardiens ont la tête protégée par un casque intégral. Pour accentuer sans doute l'étrangeté et la modernité du lieu...

Que de mystères. Une vieille tante assiste à l'enfouissement de corps ficelés dans des draps ensanglantés.

À part ça les bagarres sont nulles, c'est mal joué, et les effets spéciaux sont rudimentaires... enfin, le nain est excellent et Dennis Price aussi.

Quant au scénario : bof...

Et, dans le supplément, la science historique cinématographique d'Alain Petit est un peu vaine…

Les Vierges de la pleine lune de Paolo Solvay (Luigi Batzella) 1973
Une fille court dans les bois en chemise de nuit : ultra classique !
À la recherche d'un anneau maléfique au pays des vampires. Au château de Dracula !
Ce château a été vu dans de nombreux films de même catégorie…
Le réalisateur tente quelques plans expressionnistes. Et des plans osés : les promenades solitaires dans le château sont filmées en contre-plongées au plafond.
Les scènes d'amour sont ennuyeuses.
À la photographie c'est Aristide Massaccesi, qui est un des nombreux pseudonymes de Joe D'Amato.

Le Château des messes noires de Joseph W. Sarno (1974)
Film érotique allemand.
Prologue : des jeunes filles dénudées se font masser les seins par une « prêtresse » et même un peu plus que les seins… mais ça ce n'est que suggéré.
Un couple (le frère et la sœur…) se réfugie au château après une panne de voiture.
Il y a plusieurs centaines d'années, la baronne du château était une vampire. Elle fut brûlée et elle promit de se réincarner dans une descendante. Il lui faudra pour cela un médium…

Cette histoire de vampire n'est qu'un prétexte pour montrer des jeunes filles dénudées dont certaines simulent assez bien l'orgasme, ce qui est la seule chose réussie du film.

Chair pour Frankenstein de Paul Morrissey (1974), Victor Frankenstein vit avec son épouse (sa sœur de lait...) Elisabeth et leurs enfants dans son château. Il veut créer un homme viril qui pourra être le géniteur d'une espèce nouvelle. Il décapite un pauvre homme en se trompant sur la "marchandise". Horreur gore en trois dimensions : les organes s'écoulent des ventres ouverts, le sang gicle des corps décapités. À la fin, le fils Frankenstein prendra la relève en brandissant fièrement un bistouri...

Dracula et ses femmes vampires de Dan Curtis (1974)
Scénario de Richard Matheson (décidément, on le retrouve partout...)
Les scènes classiques : meute de loups, château, Dracula tout en noir, le col de Borgo...
Ici ce n'est pas Mina que convoite Dracula, mais Lucy.
Harker est un peu porté sur la bouteille et Dracula est toujours amoureux de sa bien-aimée morte depuis des siècles, mais qui semble réincarnée en Lucy.
Matheson a simplifié l'intrigue du roman de Bram Stoker. Le film est correct.
Mais il l'a respectée jusqu'à la moitié du film où l'on reconnaît sa superbe imagination pour

finir avec la course poursuite de Dracula re-
tourné en son château des Carpates.
Par contre, le château de Carfax n'est pas
aussi inquiétant que celui du film *Nosferatu* de
Murnau.
Van Helsing se promène sans se séparer de sa
sacoche qui contient le pieu et le maillet.
Par contre, Jack Palance n'est pas terrible en
Dracula… Christophe Lee en avait marre ?
Pourtant il reviendra dans la parodie *Dracula
père et fils* d'Édouard Molinaro (1976)

Suspiria de Dario Argento (1977), une jeune
fille arrive dans une école de danse. Il pleut,
c'est la nuit. Au moment où elle arrive, une
autre jeune fille sort terrifiée. La scène suivante montre cette dernière arrivant dans un
hôtel aux couleurs rutilantes, décor expressionniste de couleurs cher à Argento. Elle sera
exécutée froidement méthodiquement. La
scène est unique, faite de gros plans : sur la
vitre sur laquelle la fille colle son visage pour
tenter de voir à l'extérieur, et elle y voit deux
yeux maléfiques, sur l'avant-bras et la main
tenant le couteau qui la tue sans jamais voir le
corps de l'assassin (mais en a-t-il un ?). À la
mort de la jeune fille, pendue en haut de la
cage d'escalier, la caméra s'éloigne du sujet...

Inferno de Dario Argento (1978), une belle
maison en plein centre de New York renferme
des secrets terrifiants. Une femme fait tomber
son trousseau de clés dans une trappe de la
cave sous laquelle de grandes pièces d'habita-

tion sont plongées dans l'eau claire. Son trousseau est resté accroché à un lustre du plafond qui se trouve être le plancher sur lequel elle se trouve. L'eau affleure la trappe. Elle se penche pour attraper l'objet et tombe à l'eau... Les clés tombent aussi. Comme elle est déjà dans l'eau, elle nage pour les récupérer quand soudain un cadavre tournoyant la prend dans ses bras... Terrifiée, elle remonte dans une nage effrénée... Un vieux voisin n'aime pas les chats. Il est paralytique et marche avec des cannes. Il réussit à attraper les chats et les met dans un sac. Il va, péniblement, les noyer dans un rejet d'égout situé à proximité. Il passe devant un camion pizza éclairé. Au moment de jeter le sac dans l'eau sale, il titube et tombe. Les rats sortent du tuyau d'égout par milliers et commencent à le dévorer vivant. Il hurle au secours. Le vendeur de pizzas accourt, un revolver à la main et tire sur... le vieillard ! La mort rôde partout, cruelle, car la Mort habite cette maison. Terrifiant... Du Argento flamboyant avec les couleurs expressionnistes, les gros plans qui suggèrent tant de choses hors champ, les rythmes et mouvements de caméra.

Alien de Ridley Scott (1979), ce monstre est devenu une célébrité. Un cargo spatial sur le retour vers sa base reçoit un signal d'alarme provenant d'une petite planète. Une expédition y est envoyée. On y trouve l'épave d'un vaisseau extraterrestre. Dans la soute des œufs attendent, tel le fourmi-lion, qu'un être passe à proximité. Un des cosmonautes sera attaqué par une larve sortie de l'œuf. Cette larve a introduit un rostre dans son estomac et y a pondu un œuf. Le biologiste du bord qui a fait ostensiblement l'erreur de laisser entrer un passager contaminé soigne le malade. Celui-ci reprend vie, mais un petit monstre sort de son corps lui infligeant une atroce et mortelle blessure. Désormais, c'est une guerre sans merci entre ce monstre et l'équipage qui sera décimé. Seule Ripley, la jeune femme magistralement interprétée par Sigourney Weaver saura terrasser le monstre. Ce film a plusieurs importances : il rompt avec la science-fiction héritière de *2001*, tout axée sur le développement technologique et ses répercussions, et renoue avec le style de l'écrivain Lovecraft qui a su, justement, allier la science et les techniques à de profondes et archaïques pulsions de la vie. Ainsi, le monstre d'Alien est-il proprement lovecraftien, et son créateur, Carlo Rambaldi, semble bien s'être inspiré des monstres de l'écrivain américain. Enfin, l'action prend toute son importance et sert à montrer du doigt les horreurs que l'on ne voit pas, mais que l'on nous fait deviner hors champ, comme cette scène de recherche du chat dans les soutes du vaisseau spatial. Le scénario développe une argumentation serrée : si ce monstre a été introduit dans notre univers, c'est de la faute aux dirigeants de la compagnie et de la société des hommes qui ont organisé cette introduction par l'intermédiaire du biologiste médecin qui n'est qu'un robot à leurs ordres. Quatre suites à ce jour : *Aliens, le retour* de James Cameron (1986), *Alien 3* de David Fincher (1992), *Alien la résurrection* (1997) de Jean-Pierre Jeunet et *Alien contre Predator* de Paul Anderson (2004). Jusqu'à Alien 4, les films sont interprétés par Sigourney Weaver.

Nosferatu de Werner Herzog (1979), le réalisateur d'*Aguirre* rend hommage à Murnau avec ce remake. Quelques légères modifications du scénario donnent une autre orientation à ce film pourtant très proche du précédent. Jonathan (le Hutter de Murnau) ne prend pas une voiture à l'auberge pour se rendre au col de Borvo, il y va à pied. Ce qui permet à Herzog de filmer une nature sauvage et inhospitalière. À la fin, si Dracula (Orlock chez Murnau) meurt, comme dans le premier film, à cause du chant du coq, le professeur, sceptique jusque là, mais désormais convaincu, lui plante quand même un pieu dans le cœur (méthode jamais utilisée par Murnau) ce qui permet aux autorités de l'arrêter pour assassinat du comte, car il tient dans sa main l'arme du "crime" ensanglantée. Jonathan, vampirisé, prend la place du vampire. *« Il est toujours fécond le ventre qui engendra la bête immonde. »*

Dracula de John Badham (1979), Frank Langella ne parvient vraiment pas à imiter Lugosi. Scénario du Dracula de Browning remanié (non seulement Dracula séduit la fiancée de

Jonathan, mais aussi la fille de Van Helsing et celle du docteur Seward). Quelques scènes intéressantes : l'arrivée du bateau qui transporte Dracula et qui fait naufrage (le vampire se transforme en loup quand les marins russes veulent passer son cercueil par-dessus bord) ; le test du cheval vierge pour trouver le tombeau du vampire ; la fille de Van Helsing transformée en vampire et retrouvée dans d'anciennes galeries de mines sous le cimetière ; la poursuite de Dracula en voiture...

Gothic de Ken Russel (1986), Mary Shelley, lord Byron et toute la bande dans un château sous les éclairs...

Hellraiser de Clive Barker (1987), très puritain, Clive Barker impose d'atroces punitions aux pécheurs. Seuls les vrais puritains savent être aussi pervers. Boucherie sado-maso et scénario copié sur Stoker et Masterton.
Il faut du sang pour reconstituer le corps de Frank, jadis dépecé par les Cénobites (quel drôle de nom, pourquoi pas...)
Julia attirera beaucoup de victimes dans le grenier.
Il faudra la peau du frère de Frank pour redonner à ce dernier apparence humaine.
Mais sa nièce Kirsty veille...
Elle le reconnaîtra sous la peau de son père, et grâce à la boîte-puzzle, elle renverra les Cénobites en enfer.
Entre temps, ces derniers auront infligé une nouvelle torture immonde à Frank-Larry qui

déclare, la peau tendue, prête à l'écorchement : *« Jésus a pleuré, lui... »* et il se lèche les lèvres de plaisir.

Malgré tout, cette histoire de cube maudit qui, si vous en trouvez la bonne combinaison, vous mène droit en enfer a inspiré ensuite de nombreuses variations qui sont toutes intéressantes (voir plus loin).

Prince des ténèbres de John Carpenter (1988), le grand Cthulhu attend depuis des millions d'années, enfermé dans un gigantesque cylindre de verre. Une équipe de scientifiques s'attaque à la tâche de l'étudier lorsqu'il est découvert dans les caves d'une église. Ils vont déclencher l'horreur. Ils ne connaissent pas le nom de l'entité qu'ils vont réveiller, car ils semblent ne pas avoir lu Lovecraft. Carpenter l'a lu, lui... Quelques scènes rappelant son film *Assaut*. Un chef-d'œuvre de l'épouvante rythmé par la musique composée par le réalisateur, comme dans tous ses films.

Beetlejuice de Tim Burton (1988), aventures grotesques de gentils fantômes. Les fantômes n'ont jamais été aussi drôles !
 Génial ! Le macabre à la portée des enfants. Oui ! Il y a une vie après la mort. Et les agissements maladroits de nos deux sympathiques fantômes risquent de le révéler. Les transformations physiques, terrifiantes en d'autres lieux, sont ici hilarantes. Sauf la scène de l'exorcisme qui est particulièrement effrayante. Il fallait bien prendre la Mort un peu au sérieux. Le film *La Nuit des morts-vivants* est cité. Une série de dessins animés s'est inspirée du personnage.

Hellraiser II : Hellbound de Tony Randel (1988)
Ce deuxième opus est la suite du premier.

Une vieille radio de la dernière guerre. Des uniformes de l'armée anglaise.

Un militaire assis en tailleur sur le sol tient entre ses mains... le cube terrifiant, celui qui ouvre la porte des enfers si on trouve la solution au puzzle. Il la trouve, le cube s'ouvre et des chaînes munies de crochets en sortent et torturent cruellement le soldat. Pinhead apparaît ! En voix off « La souffrance, cette délicieuse souffrance... » (Nous apprendrons dans le film suivant que ce soldat n'est autre que Pinhead quand il était humain...)

Kirsty, une jolie petite brune se réveille dans un hôpital psychiatrique. C'est un peu comme dans *Par-delà le mur du sommeil* de Lovecraft. Cette jeune femme est la nièce/fille de son oncle/père Frank (voir le premier épisode...)

La police découvre des cadavres momifiés dans une très vieille maison. Et un matelas avec une grande tache de sang où sont accrochées des chaînes avec des crochets...

Le docteur Channard, directeur de l'hôpital psychiatrique, retient en détention illégale des malades dans des cellules dans la cave de sa très grande maison. Il s'y fait livrer le matelas. Visiblement il sait de quoi il retourne...

Kyle, l'associé de Channard, chirurgien du cerveau, sympathise avec Kirsty. Dans la chambre d'à côté, Tiffany, une très jeune fille, assemble des éléments en bois qui forment un cube.

Kirsty fait des cauchemars : elle voit un homme écorché qui lui fait signe en montrant une inscription faite avec du sang sur le mur : « Je suis en enfer : aidez-moi ! »

Kirsty raconte à Channard ce qui s'est passé dans le film précédent : la boîte, un casse-tête que Frank a résolu. Le film nous montre des extraits du film.

Dans sa vaste maison-laboratoire, où se trouvent plusieurs cubes cénobites, Channard fait sortir un malade de sa cellule, le couche sur le matelas et lui donne un rasoir avec lequel il se taillade le corps, car il croit qu'il est recouvert d'asticots.

Le sang coule et fait revivre la Julia du premier film.

Elle « absorbe » les chairs du malade, se reconstitue.

Mais pas suffisamment, elle reste écorchée, et, dit-elle à Channard lors d'un « dégoûtant » baiser avec lui : « Il nous faut de la peau en quantité ! »

Les fous de l'asile fournissent de la matière première. Kirsty continue à chercher son père, qui avait fourni sa peau à son frère Frank dans le film précédent.

Le début est excellent... Ensuite, cela tire en longueur et certaines scènes frisent la médiocrité... En résumé, Julia va retrouver sa peau, Kirsty va retrouver son oncle, tout va finir très mal dans l'horreur avec l'arrivée des cénobites et de Pinhead à qui il va arriver aussi des horreurs... Cela n'en fait pas trop peut-être ? Finalement c'est Tiffany qui va sauver tout ça. Elle va montrer aux cénobites qu'ils furent humains autrefois. Mais la scène ultime annonce une suite !

Sanctuaire de Michele Soavi (1989). Un film gothique pas si mal malgré le mauvais jeu des acteurs et le montage chaotique. Dario Argento a participé au scénario et l'Église en ruines de la fin a été filmée à Dresde, juste après (ou juste avant ?) l'effondrement du mur de Berlin...

Batman de Tim Burton (1989), les aventures du justicier masqué. Magistrale interprétation de Jack Nicholson. Un monde noir et pessimiste... Une suite : *Batman le défi* (1993) par Tim Burton. Un monde délicieusement gothique.
Joël Schumacher a ensuite pris la relève, les producteurs s'étant aperçu que *Batman le défi* pouvait faire peur aux enfants de moins de dix ans. *Batman forever* (1995) et *Batman et Robin* (1997), ce dernier beaucoup moins ennuyeux que le précédent. Il y avait déjà eu : *Batman* (1943) de Lambert Hillyer (un film en quinze épisodes !) et *Batman* (1966) de Leslie

H. Martinson. Puis *Batman Begins* de Christopher Nolan (2005)

La Créature du cimetière de Ralph S. Singleton (1990). Une adaptation de Stephen King. Une vision assez terrible de la classe ouvrière américaine : on se demande si ce n'est pas le contremaître le vrai monstre ! Une horreur crade et glauque dans les sous-sols d'un cimetière.

Cabale de Clive Barker (1990), waltdisniaiserie qui se veut terrifiante. On se demande ce que Cronenberg vient faire dans cette galère ! Pour le scénario, c'est du pillage de Stoker (encore !), Romero, Hooper, Masterton.... Les effets spéciaux à hautes doses ne suffisent pas pour faire un film. Sur le thème du psychiatre tueur, d'autres ont fait beaucoup mieux, comme Brian de Palma, par exemple, avec *Pulsions* (1981) et Jonathan Demme avec *Le Silence des agneaux* (1990)...

Voix profondes de Lucio Fulci (1991)
C'est le dernier film de Lucio Fulci.
Curieusement, il utilise deux « cartons » pour guider le spectateur.
D'abord « Prologue » : scène dans laquelle un couple fait l'amour dans un lit et un enfant pleure en appelant sa mère. L'homme exaspéré se lève et va tuer l'enfant à coups de couteau. Cette scène a beaucoup de signification dans la suite du film.
Deuxième carton : « L'histoire ».

L'homme du prologue est allongé sur un lit d'hôpital et vomit du sang. Quatre infirmières s'occupent de lui ! Il meurt. La famille refuse l'autopsie, mais elle doit avoir lieu quand même. Le spectateur y assiste et c'est d'ailleurs Lucio Fulci lui-même qui joue le médecin légiste. Il connaît un peu le boulot puisqu'il a fait des études de médecine. Ce sont sans doute ses connaissances en anatomie qui l'ont beaucoup inspiré dans ses films gore.

Le défunt a beaucoup d'ennemis et le film montre pourquoi lors des obsèques pour chacun des personnages de son entourage et de sa famille.

Son fantôme demande à sa fille de découvrir les causes de sa mort. Comment ? Ne le sait-il pas ?

Un film très onirique. Les scènes sont rythmées par des vues du cadavre pourrissant à l'intérieur de son cercueil, sans oublier les asticots, et le bourdonnement des mouches... Une démonstration de l'implacable décomposition des corps après la mort. Fulci était malade et s'attendait à mourir peu de temps après. Il a voulu montrer sa lucidité envers la mort.

On pressent les coupables dès le début et l'arme du crime au milieu du film.

L'idée du scénario (qui a été écrit par Fulci) est excellente. Mais hélas assez maltraitée : les scènes oniriques ne sont pas réussies, parfois trop répétitives, et poussives... On a l'impression de remplissage.

Le bonus du DVD est intéressant avec la bio et la filmo de Fulci, un court-métrage intitulé « Carte postale… » de Patrick Chamare (2003) assez téléphoné. Ce qui est intéressant c'est le documentaire sur Lucio Fulci.

Edward aux mains d'argent de Tim Burton (1991), merveilleuse adaptation du thème de Frankenstein. La créature, inachevée est touchante de naïveté dans ce lotissement américain. Critique des manies made in USA. Avec quelle habileté et avec quel art Tim Burton a su renouveler le genre ! Ici, comme dans les films de James Whale, le héros est bien la « chose », mais le cinéaste lui donne un nom : Edward. Le savant qui l'a créé, joué par Vincent Price, meurt dès le début. Grâce à ces modifications du scénario, Burton traite d'un tout autre sujet que celui traité par les autres films de Frankenstein. Le pauvre Edward n'est pas fini, ce qui lui donne des qualités (celles de bien tailler les haies et les cheveux), mais aussi une différence qui finira par le faire persécuter par les gens normaux. Ces persécuteurs sont clairement désignés comme des Américains moyens, puisque toute l'action se déroule dans un lotissement. Il est aussi question des rêves d'adolescents qui cherchent l'absolu dans un monde bassement matérialiste.

Batman le défi (1992) de Tim Burton Batman affronte le Pingouin, nouvelle race de grand bandit.

Hellraiser III : L'enfer sur Terre d'Anthony Hickoks (1992)

Nous passons aux USA. Néanmoins, Clive Barker est toujours aux commandes, et l'histoire originale est de Peter Atkins, comme pour le précédent avec Tony Randel, qui était le réalisateur du précédent. Donc, contrairement à certaines affirmations surfaites, la continuité est assurée.

Un jeune homme, patron de cabaret, entre dans une salle d'exposition d'œuvres d'art et achète une sculpture terrifiante qui semble sortir tout droit de l'enfer cénobite. On appellera ce jeune homme par son prénom : JP.

Une journaliste, Joey, rate son reportage aux urgences où il ne se passe curieusement rien. Des plans resserrés montrent des bras qui déposent des instruments de chirurgie sur des serviettes immaculées. Soudain arrive une ambulance avec un type très gravement blessé qui traîne derrière lui des chaînes accrochées à son corps. Il saigne beaucoup. Joey est intrigué par cette arrivée et va mener l'enquête. Le blessé est accompagné d'une jeune fille brune appelée Perri.

Au cabaret, dans la chambre du patron, trône la sculpture. La jeune fille brune vient du cabaret. Elle sort de son sac un cube de cénobite. Elle se réfugie chez Joey et lui parle de la sculpture. Elles vont ensemble voir la galerie d'art où elle a été achetée et elle est fermée. Un passant leur dit que c'est fermé depuis très longtemps. Étrange.

Dans la chambre de JP qui vient de se faire sa blonde quotidienne, la sculpture se réveille, écorche vive la belle blonde en lui lançant des chaînes avec crochets et l'engloutit. Le visage de la fille s'ajoute aux autres visages qui composent la sculpture. JP devient l'esclave de la sculpture vivante. Le visage de Pinhead plein d'aiguilles est apparu sur la sculpture et il parle.

Joey fait un rêve récurrent sur la guerre au Vietnam où est mort son père.

Elle téléphone pour recevoir une vidéo de l'institut Channard (voir film précédent, c'est un asile psychiatrique). Elle visionne la vidéo qui montre Kirsty (voir film précédent). Elle parle de la « boîte » (le cube des cénobites). Elle dit : « Elle fait mal ! Elle s'ouvre d'elle-même. Vos doigts bougent et vous apprenez. Alors ils sortent… les démons. »

Terri, trompée par les apparences, accepte de se rendre chez JP qui veut l'offrir à « manger » à la sculpture. Elle réussit à se défaire de son ex-amant et l'offre en pâture à la sculpture qui l'avale et il en sort Pinhead.

Joey trouve chez elle une vielle radio de la guerre qu'on avait déjà entendue en prologue. La radio lui dit d'aller à la fenêtre. Elle voit un soldat jouer avec un cube, elle passe de l'autre côté. Elle passe une porte et se trouve dans une tranchée de la Première Guerre mondiale où elle retrouve un officier qui n'est autre que Pinhead quand il était humain…

Il est désormais son fantôme, puisque Pinhead l'a remplacé. Il veut renvoyer Pinhead en enfer.

Massacre généralisé, abominable tuerie au cabaret. Pinhead crée de nouveaux cénobites à partir de ses victimes.

De nombreuses péripéties nous font espérer, puis désespérer... Ça se répète longuement.

Finalement Joey réussit à ouvrir la boîte qui aspire tous les cénobites. Mais... elle se retrouve à la guerre du Vietnam où elle rencontre son père. Elle ne voit pas qu'elle est grugée puisqu'il l'appelle par son nom alors qu'il ne l'avait pas connue avant sa mort (facile, non ?). En fait c'est Pinhead qui a pris l'apparence du père.

Il y a beaucoup trop de rebondissements dans cette fin sans fin...

Joye s'en sort, enferme les cénobites dans la boîte et elle va l'enfouir dans du béton pas encore durci. Et à la fin on voit l'immeuble construit décoré à la manière des cénobites...

Candyman de Bernard Rose (1992), d'après Clive Barker, c'est tout dire. Un Noir autrefois injustement exécuté de manière atroce par des racistes revient hanter une banlieue déshéritée. À la place de la main, il a un crochet particulièrement cruel... Ne prononcez jamais cinq fois son nom devant un miroir. Avez-vous essayé ? Moi, je n'ai pas osé... Ce film, en produisant de la terreur à partir de la rumeur publique, allie le *gothique sudiste* au fantastique urbain. « *Je suis les graffitis qui recou-*

vrent les murs... » Susurre Candyman, et aussi : *« Je suis une rumeur ».*
Suites : *Candyman 2* de Bill Condon (1995) :
attention à vos ventres, le fantôme au crochet
est de retour ! – *Candyman 3* de Turi Meyer
(1999).

Dracula de Francis Ford Coppola (1992), la
plus fidèle version du roman de Bram Stoker.
Sauf dans l'esprit, car Coppola en a fait une
histoire d'amour entre Dracula et Mina. Le film
est entièrement tourné en décors artificiels. Le
scénario développe une partie cachée dans le
roman de Bram Stoker : l'attirance amoureuse
(sexuelle) de Mina pour le comte Dracula.
Pour mieux l'expliquer (ou peut-être, par un
certain puritanisme : pour mieux excuser la
jeune femme...), le scénariste invente la blessure amoureuse de Vlad Tepes qui a perdu sa
fiancée bien-aimée et qui, parce qu'il maudit
Dieu, est condamné à la non-mort éternelle. Il
reprend (involontairement ?) le scénario du
film *Pandora* (1951) d'Albert Lewin. L'amour
est donc à la base de tout. Et Dracula, sous la
forme d'une énorme chauve-souris, ne dit-il
pas à ses adversaires, alors qu'il vient de
vampiriser Mina : *« Vous avez vu ce que votre
Dieu a fait de moi ? »* Il y a d'autres diffé-
rences avec le roman : il manque le cimetière
de Whitby et Dracula vampirise Mina en
l'absence de Jonathan, alors que dans le roman, ce dernier est "endormi" par le vampire
dans un coin de la pièce. On a beaucoup insis-
té, à propos de ce film, sur la contamination

du sang. Or cette question est profondément présente déjà dans le roman, puisque c'est le sang du vampire qui contamine les êtres humains pour en faire aussi des vampires. Dans le film, le passage qui présente Van Helsing en cours devant ses élèves, le montre disant : *« La civilisation et la syphilisation ont progressé de concert. »*

Histoire d'amour, histoire macabre. Lucy, présentée dans ce film comme une femme grivoise, "allume" ses prétendants. Elle paiera cher son attirance pour le sexe : elle en deviendra vampire elle-même, pour être ensuite exorcisée par Van Helsing. Ce passage de l'histoire donne les plus belles scènes au film. *« Lucy est la concubine du démon. »* déclare Van Helsing. Enfin, c'est l'amour de Mina qui sauvera Dracula de la damnation éternelle. Car, le doute subsiste, s'agit-il bien de Mina ou d'Elisabeta, la fiancée de Vlad, quatre siècles plus tôt ? On peut se poser la question, car Dracula dit à Mina : *« Vous décrivez mon pays comme si vous l'aviez vu de vos propres yeux. »* Les couleurs jouent un rôle fondamental dans l'évocation des sentiments des gens : le rouge du sang ou des vêtements annonçant le plaisir de la chair et du sang... Le personnage de Van Helsing est différent également : vieux scientifique paillard et aimant la bonne chère, il réussira moins, ici, à être l'adversaire impitoyable de Dracula, car celui-ci conservera Mina comme alliée sur le territoire de l'adversaire jusqu'au bout... Peut-être que le romantisme plaît au grand public, mais il étouffe un peu le fantastique.

Somptueuse image de la croix qui tombe et qui est remplacée par le croissant musulman. Le film est décomposé en trois grandes parties, chacune d'entre elles étant signalée par une belle transition. Transition entre l'œil de la plume de paon et la sortie du tunnel pour le voyage vers Dracula. Transition entre les deux trous, plaies de la morsure du vampire dans le cou de Lucy, et les yeux du loup pour l'idylle entre Dracula et Mina. Transition entre le cercle de feu qui protège Van Helsing et Mina, et le soleil levant qui annonce la fin de Dracula. Le cinéaste emprunte la vague de sang du film *Shining* de Kubrick, il rend hommage au *Nosferatu* (1922) de Murnau en évoquant quelques images célèbres de ce film : la main du cocher (Dracula) qui s'avance exagérément vers l'épaule de Jonathan au col de Borgo, les ombres qui glissent sur les murs du château du comte, le corps du vampire qui se dresse tout droit... Coppola rend aussi hommage à Dreyer, car le titre du livre qu'ouvre Van Helsing est : Vampyre.... Il rend d'ailleurs hommage au cinéma en filmant la première scène de Dracula à Londres avec une caméra de l'époque des débuts du cinéma et il montre Dracula emmenant Mina au cinématographe.

Frankenstein de Kenneth Branagh (1994), dernière et merveilleuse adaptation du roman de Mary Shelley. Branagh revient aux sources : Victor Frankenstein n'est pas ce savant démoniaque qui renaît toujours de ses cendres, image développée par les films de la Hammer, et qui est véhiculée dans l'esprit de presque tous les spectateurs d'aujourd'hui. Non ! C'est un vrai scientifique, *« Prométhée moderne »* comme l'indique le sous-titre de Mary Shelley, personnage mythique qui veut le bien de l'humanité. Comme le roman, le film commence au Pôle Nord, alors que Victor y achève sa poursuite du *« monstre »,* de la *« chose sans nom »,* et c'est Victor qui raconte ses aventures au capitaine du navire bloqué dans les glaces, en quelque sorte son homologue, puisqu'il est parti aussi à la découverte de connaissances nouvelles. Le film insiste sur l'humanité du savant, son humanisme même, sa fébrilité dans ses recherches, fébrilité rendue cinématographiquement par le montage des scènes de la fabrication du monstre. Il développe un thème sous-jacent dans le roman de Mary Shelley, celui du complexe d'Œdipe. Victor a créé un monstre. C'est donc son enfant. Mais, comme le souligne ce dernier à la fin du film, lui son père, ne *« lui a même pas donné de nom... »* Et, comme Victor n'a pas voulu lui donner de femme, le monstre a tué la sienne en lui arrachant le cœur ! Victor n'a pas supporté cette mort et a fait de sa femme un monstre également... Scène cruelle et horrible où elle se voit monstrueuse et se fait brûler vive ! Scène terrible de souffrance humaine quand, à la fin, le monstre se plaint de l'abandon de son père... C'est le film le plus proche du roman de Mary Shelley, bien que certaines scènes ajoutées n'existent pas dans le roman. Ce film, produit par Francis Ford Coppola, est dans la même veine que le *Dracula* de ce dernier. Il reprend les thèmes humains de l'amour et de la sexualité, seulement sous-entendus dans l'œuvre littéraire.

Entretien avec un vampire de Neil Jordan (1994), les aventures de Louis et Lestat les vampires, racontées par Louis à un jeune journaliste qui enregistre la conversation au magnétophone, constitue un événement cinématographique vampirique. Louis devint vampire en 1791 grâce aux bons soins de ce sacré Lestat. Une scène vraiment gothique, celle des évènements au théâtre parisien des vampires et un plan éminemment fantastique, celui du Nosferatu de Murnau que Louis voit au cinéma du quartier. La chanson de générique de fin, *Sympathy for the devil* n'est pas interprétée par les Rolling Stones, mais par les Gun's Roses. Ce film est par certains côtés décevant. Pourquoi ? Ce n'est pas lié à la création cinématographique elle-même, mais au scénario d'Anne Rice, scénario qui part du postulat (beaucoup mieux développé par d'autres, comme Robert Bloch) que parfois, un vampire souffre de son état. En effet, quels sont les problèmes que rencontrent les vampires ? Ils doivent tuer – ce qui est contraire à la religion chrétienne... -, leur corps ne change plus alors que le monde change, et, donc, ils sont immortels. Ils ont un reflet dans les miroirs et, parfois, ils pleurent... On entre donc dans la psychologie du vampire, et, du coup, celui-ci perd tout son mystère, et tout son attrait. C'est dommage, car Neil Jordan n'avait déjà pas réussi à renouveler le mythe du loup-garou avec son film *La Compagnie des loups* (1984)...

Haunted de Lewis Gilbert (1995), un universitaire qui déjoue les illusions des soi-disant médiums est invité dans un château pour démontrer à la gouvernante que le fantôme n'existe pas. Il faut dire que ce prof a perdu sa petite sœur jumelle quand ils étaient enfants : elle s'est noyée devant lui. Ce film est adapté du roman homonyme de Frank Herbert (titre en français : *Dis-moi qui tu hantes* publié dans la collection Terreur de chez Pocket). La fille est superbe et on comprend que le jeune professeur n'y résistera pas. Le rôle est joué par la très belle Kate Beckinsale.

Une Nuit en enfer de Robert Rodriguez (1996), lutte à mort avec des vampires dans un bar perdu de la frontière mexicaine. Cela ne vous dit rien ? Produit et joué par Quentin Tarantino... Il y a deux suites... *Une Nuit en enfer 2 : le prix du sang* de Scott Spiegel (1999) et *Une Nuit en enfer 3 : la fille du bourreau* de P.J. Psce (2000)

Hellraiser IV : Bloodline d'Alan Smithee (1996)
Le film commence toujours par « Clive Barker présente »... On le retrouve aussi comme pro-

ducteur exécutif. Le film est aussi écrit par Peter Atkins.

Quant à Alan Smithee, c'est le pseudo que prend le réalisateur quand il n'est pas content de son film...

Il paraît que cette coutume a commencé en 1955 avec un film pour la télévision, et le premier film de cinéma signé Alan Smithee est *Une poignée de plombs* (*Death of a Gunfighter*) réalisé en 1967 par Don Siegel et Robert Totten. Il paraît qu'Alan Smithee est l'anagramme de *The Alias Men* (« les hommes au nom d'emprunt »). Voilà pour le contexte de la création. Notre Alan Smithee pour ce film est Kevin Yagher. Venons-en au film lui-même. Il traite de la création des cubes qui donnent accès à l'enfer.

Il commence dans une station spatiale désertée. Un seul homme y est encore présent : le dernier descendant de la lignée française des Lemarchand... Un vaisseau spatial s'approche, des soldats débarquent. L'homme enfile des gants qui actionnent un robot à distance. Il fait des gestes avec ses doigts que le robot imite en manipulant un cube de cénobites et réussit à l'ouvrir. Visiblement l'homme veut faire venir Pinhead dans la station... Deux soldats entrent, le menacent avec leur arme et la fille déclare : « Vous êtes relevé de vos fonctions... »

Il raconte la création du premier cube des enfers. « J'ai l'intention d'emprisonner l'enfer ! » dit-il aux soldats.

Au 18e siècle un magicien doué a demandé à un horloger nommé Lemarchand de créer un cube infernal, ce qu'il réussit à faire.

Il donne le cube au magicien qui fait venir Pinhead et les cénobites, qui transforment Angélique, une jolie jeune fille, en accessoire de Pinhead. Ce qui nous vaut les deuxièmes scènes gore du film... « Celui qui convoque la magie commande la magie ! » Affirme Pinhead.

Ce pauvre Lemarchand prend conscience qu'il a ouvert les portes de l'enfer. Il revient chez le magicien, le retrouve mort alors que son assistant fornique avec Angélique. Ce dernier dira à Lemarchand : « Tu arrives trop tard, tout est joué, les démons vont venir sur Terre. » Et lui dit que toute sa lignée sera maudite.

« Pardonne-moi, je t'en supplie, je ne savais pas ce que je faisais. » Se lamente Lemarchand. Ce qui résonne comme une déclaration biblique.

Nous voici à Paris en 1996. Angélique veut aller aux USA contacter un descendant des Lemarchand, mais son assistant ne veut pas. Elle le tue dans d'horribles souffrances. Elle va aux USA retrouver John Merchant, ce descendant. Selon ce dernier, Leonard de Vinci aurait dit : « Une œuvre d'art n'est jamais terminée, elle est juste abandonnée... »

Angélique déclenche tout le processus avec un cube qu'elle a extrait d'un mur de la cave de l'immeuble (voir l'épisode précédent, quand l'héroïne a enfoui le cube dans du béton encore liquide).

L'occasion de scènes gore et atroces. « La boîte (c'est comme ça qu'elle appelle le cube) est reliée au sang de John. » Ce dernier fait des rêves érotiques avec Angélique. Pinhead transforme deux policiers en cénobite en les reliant entre eux par leur chair…

Pinhead veut que John réalise l'ultime cube celui qui ouvrira la porte de l'enfer de manière continue. Donc il y a bataille, chantage de Pinhead qui prend en otage le petit garçon de John, etc. « John doit finir son travail, donner la version définitive de la boîte. » Plein de péripéties sanglantes. Au final, Pinhead décapite John et la boîte manipulée par son épouse aspire Pinhead et Angélique. La lignée sera continuée puisque le fils de John a survécu !

Retour à la station spatiale.

Après quelques scènes de massacres de pauvres soldats, puisque le descendant de Merchant a fait revenir Pinhead, la station spatiale sera détruite avec Pinhead et ses deux nouveaux cénobites dedans…

C'est la fin de la série ? Non ! Il va y avoir encore cinq films !

Journal intime d'un vampire de Ted Nicolaou (1996). Un critique trouve ce film nul, le qualifie de série Z. Je ne suis pas d'accord, bien que pour moi être de série Z n'est pas obligatoirement péjoratif. Ce film est pas mal, il y a une ambiance gothique et le scénario est bien meilleur que celui d'*Entretien avec un vampire*…

Dracula mort et heureux de l'être de Mel Brooks (1996), parodie et surtout hommage des grands films de ce thème. *Nosferatu* (le livre reçu par le Dr Seward, le vampire qui se dresse de son cercueil, la coupure du doigt...), *Vampyr* (la victime allongée sur un banc dans le parc et le vampire), *Dracula* de Browning (le scénario du film, la toile d'araignée traversée, l'escalier), *Le Cauchemar de Dracula* (la lutte contre le vampire avec la croix et son exposition à la lumière, le sexe), *Le Bal des vampires* (le bal et l'absence de reflet), *Dracula* de Badham (la lutte contre le vampire et sa transformation en chauve-souris dans la chapelle au bord de la mer), *Dracula* de Coppola (la coiffure de Dracula, son ombre autonome). Le scénario est emprunté au *Dracula* de Browning puisque c'est Reinfield qui se rend dans le château du comte.

Star Trek premier contact de Jonathan Frakes (1997), bon ! bon ! je l'avoue : je n'ai jamais été emballé par la série des Star Trek, ni par leurs longs métrages. Je suis allé voir celui-là par obligation professionnelle, et alors là : surprise ! J'ai été emballé ! Ce film est formidable !

The Crow la cité des anges de Tim Pope (1997), la mort est devenue populaire au cinéma depuis le merveilleux *Beetlejuice* (1988) de Tim Burton. ***The Crow*** numéro un, beaucoup plus gothique, était assez décevant (Alex Proyas – 1993 – l'acteur Brandon Lee est tué lors du tournage par une balle oubliée dans un revolver normalement chargé à blanc)... Cette séquelle semblait bien plus prometteuse... mais, hélas, *The Crow la cité des anges* enfonce beaucoup de portes ouvertes et reprend un thème cher à un genre qui est passé de mode : le western. Tous ses ingrédients sont réunis : la cité sans foi ni loi, la vengeance, le vengeur solitaire venu de nulle part et y retournant à la fin du film. Le héros est invincible, comme tous ceux des westerns de Sergio Leone. Ici, il s'agit d'un fantôme. Si vous avez vu *L'homme des hautes plaines* (1972) de Clint Eastwood, vous connaissez l'histoire de *The Crow* (que ce soit le numéro un ou le numéro deux). Une remarque à propos de ce western : la version française est légèrement différente de la version américaine. Dans cette dernière, à la fin du film, le héros, debout devant la tombe du shérif tué autrefois dans la ville sous les yeux des habitants indifférents, avoue en être le fantôme. La version française n'a pas accepté le fantastique de la chose (cartésianisme oblige !) et le type ne dit plus qu'il est le fantôme, mais le frère du shérif ! Il y a d'ailleurs une pendaison dans *The Crow*, elle renvoie à un autre western avec Clint Eastwood : *Pendez-les haut et court* (1967) de Ted Post. Que dire de plus sur *The Crow 2* qui semble connaître un grand succès auprès de la jeunesse ? Le préambule est superbement filmé selon un rythme et des plans rappelant la bande dessinée (il est inspiré d'une BD de James O' Barr). Ensuite, on a affaire à un western avec une fin qui ressemble à *La Part des ténèbres* (1993) film de G. A. Romero tiré d'un roman de Stephen King. En ce qui concerne la ville (béton, ordures et tags), John Carpenter a fait beaucoup mieux avec son *Los Angeles 2013* (1996). Ce dernier est un fan de western, et il rend hommage à ce genre dans ce film en reprenant le thème du *Jardin du diable* (1954) d'Henry Hathaway. Par contre, *The Crow la cité des anges* attire l'œil comme une verroterie sans valeur... Mais il y a la musique. De superbes chansons de rock, avec notamment les White Zombie, chanteurs de Heavy Metall qui ont pris comme nom de scène un chef-d'œuvre du cinéma. Le Heavy Metall aux chansons très dures exprime une révolte violente et profonde, inguérissable, qui méprise la société et ses pouvoirs. Il trouve à exprimer cette révolte par le macabre et le fantastique. Il est dommage qu'une minorité de ses représentants, ayant senti à quel point leurs aînés détestaient les symboles nazis, trouvent particulièrement provocant d'en afficher quelques-uns. Troisième du même nom : *The Crow Salvation* (1999) de Bharat Nalluri.

Spawn de Mark A.Z. Dippé (1997), personnage inspiré du Comic book dont le dessinateur Tod Mac Farlane a su tracer les ambiguïtés propres au genre fantastique. Le dessin animé qui a été réalisé auparavant est un chef-d'œuvre (il est disponible en DVD). Le film, lui, ne fait pas l'unanimité, loin de là. Après Faust, le pacte avec le diable peut-il encore gêner quelques puritains ? On a affaire ici à une superbe fresque gothique au cœur des quartiers abandonnés de New York qui sert de décor à une monstrueuse machination politique qui a pour but de livrer la terre à l'armageddon (on voit que Luc Besson n'a rien inventé...). Bon. Cela peut agacer, comme les superbes effets spéciaux des combats en enfer... Mais ce qui me paraît intéressant, c'est ce que l'on retrouve du dessin animé : une manière de filmer décalée, des plongées et contre-plongées et, surtout, la nature du personnage. C'est un justicier qui a fait un mauvais choix dans un but de bonheur personnel (comme Faust...), mais qui peut se racheter en faisant d'autres choix ultérieurs. Mais, l'affaire n'est jamais réglée, il faudra toujours passer d'un choix à l'autre : c'est dur la vie !

Vampires de John Carpenter (1997). Imaginez le réalisateur faisant un remake de *Rio Bravo* (1959, Howard Hawks), ou du *Train sifflera trois fois* (1952, Fred Zinnemann), ou de *Règlement de comptes à O.K. corral* (1957, John Sturges), en reprenant la violence stylisée de Sam Peckinpah, les décors et les paysages dépouillés de Sergio Leone... Cela risquerait d'ennuyer tout le monde. Il l'a fait quand même, en l'appelant *Vampires* et en s'inspirant d'un roman du même nom de John Steakley (1990). On remplace les gangsters par des vampires, l'autorité fédérale par le Vatican et le tour est joué... et vous avez un chef-d'œuvre. *« J'ai voulu y mettre mon grain*

de sel, car je n'aimais pas la tournure cho-
chotte et névrosée que prenaient les vampires
ces derniers temps. Les vampires n'ont pas
d'état d'âme, ils doivent tuer pour vivre. »
Déclare John Carpenter. Une belle critique des
vampires un peu niais d'Anne Rice *(Entretien*
avec un vampire (1994) de Neil Jordan, est
adapté du roman de l'écrivain). John Carpenter n'a jamais eu la cote chez lui aux États-
Unis. Ici, en France, on sait le juger à sa véritable valeur : un grand cinéaste qui sait faire
de grands films avec peu de moyens. Si cela
fait sourire certains d'entre vous, figurez-vous
que la cinémathèque française a réalisé une
rétrospective complète sur l'œuvre du cinéaste
(eh oui !) et que (oui vous ne rêvez pas) les
Cahiers du cinéma ont consacré un dossier sur
lui. Enfin ! Tout arrive ! Le réalisateur de *Hal-*
loween (1978) le mérite bien. *« Il était temps*
de donner à John Carpenter la place qu'il mé-
rite dans ces colonnes » écrit le gardien du
temple du cinéma. Cet événement considérable (un dossier Carpenter dans les Cahiers
du cinéma, je n'en ai pas cru mes yeux !) mérite quelques citations de John Carpenter qui
permettront d'ailleurs de mieux comprendre le
film *Vampires* : *« Dans le film, c'est cette syn-*
thèse étrange de l'Église catholique et des
croyances indiennes primitives qui crée les
vampires. Dans le Sud-ouest américain,
l'arrivée des Espagnols a entraîné la construc-
tion de missions catholiques. Il s'y est fait une
rencontre étonnante entre le rite catholique et
le mysticisme indien. [...] Je trouvais très fas-

cinant le mélange entre cette spiritualité propre au nouveau Mexique et le mythe des vampires. » – « J'ai [...] filmé avec plusieurs caméras, ce que je n'avais jamais fait auparavant. Sam Peckinpah travaillait aussi de cette manière ; en plaçant des caméras selon six ou douze angles différents, y compris les scènes dialoguées. [...] Puis il trouvait le rythme au montage. » – « Ce qui me rend marginal à Hollywood, c'est que je me sens incapable de tourner des films destinés au grand public. » – « Jacques Tourneur est un très grand metteur en scène. J'ai une passion pour Curse of the demon (Rendez-vous avec la peur – 1957) C'est un film merveilleux. » (Voir ce film au chapitre chefs-d'œuvre.) – « J'ai énormément d'admiration pour le travail de Dario Argento. Je pense qu'il a tourné des films extrêmement dérangeants. Quand on va aussi loin, on s'expose à la critique. Je suis d'accord avec vous : je n'ai jamais compris pourquoi Dario Argento n'a pas eu la reconnaissance qu'il mérite. » Bon, mais je vous ennuie avec ces références cinématographiques. Revenons à Vampires.

Le personnage le plus intéressant du film est celui de Tony Montoya, joué par Daniel Baldwyn, le seul personnage véritablement humain. Il tombe amoureux de la fille vampirisée et ne craint pas de se sacrifier pour elle. Cette prostituée, Katrina, jouée par la superbe Sheryl Lee dont tout le monde se rappelle la prestation dans Twin Peaks de David Lynch (le feuilleton et le film) se fait vampiriser par le maître des vampires. Ce qui est nouveau n'est pas le fait qu'il la morde – cela est normal pour un vampire –, mais plutôt *où* il la mord. D'habitude c'est dans le cou. Là non, c'est plus bas, bien plus bas... et selon Valek, le vampire, *« elle ne devrait jamais oublier ce moment »*... Toute l'action se déroule de nos jours dans un décor moderne. Pas d'ambiance gothique (mais l'histoire l'est vraiment...) Cela ressemble au très beau film *Aux Frontières de l'aube* (1987) de Kathryn Bigelow. Il y a donc tous les ingrédients du western : l'amitié, la trahison, l'amour, le duel... À la fin, tout n'est pas réglé, car l'ami de toujours va rejoindre malgré lui le camp ennemi... Revenons à Carpenter, cette fois dans la revue Mad Movies : *« Mon intention dans* Vampires *était d'arriver à un western dans lequel se confondent les mauvais et les bons »*.

Et pour finir : *« Si vous prenez la tragédie trop au sérieux, vous emmerdez le monde. Le bon drame se compose notamment d'humour. C'est ce qui dérange, fait peur... »*

Bon vent John !

Event Horizon, *le vaisseau de l'au-delà* de Paul Anderson (1997). Clive Barker a fait des adeptes. C'est l'atmosphère terrifiante de l'écrivain anglais de l'horreur que l'on retrouve dans ce film : du gothique à l'état pur, avec son architecture, ses grosses ferrailles, et ses instruments de torture. Cette ambiance est mêlée à de très belles images de science-fiction : planètes, vaisseaux spatiaux qui défilent. Ils ne sont pas si modernes que cela d'ailleurs, car les images transmises restent à deux dimensions. On retrouve l'atmosphère gothique partout : l'Event Horizon est un immense vaisseau en forme de croix, les décors sont sombres *(« Cet endroit est une tombe »,* déclare le capitaine). L'Event Horizon n'était pas revenu après être passé *« de l'autre côté ».* Il a réapparu quelques années plus tard. Tout l'équipage est mort. Il ne reste d'eux que des débris affreux, témoignant d'une horreur sans nom (me voilà influencé par Lovecraft, c'est l'ambiance...) Le bloc médical ressemble à une crypte. On retrouve le même thème que dans *Solaris* (1972) d'Andreï Tarkovski, car, dans le vaisseau, les êtres humains développent leurs angoisses à partir de leur psyché et des névroses qu'ils ont contractées. Mais ici on a affaire à un film d'horreur. L'entité maléfique n'est jamais connue, donc jamais nommée, jamais vue. Seul l'homme qui avait construit le vaisseau la représente par son visage aux yeux crevés et à la peau découpée. Sam Neill est toujours aussi bon dans ce genre de rôle. Il y a les classiques débats entre le rationnel et l'irrationnel. C'est toujours ce dernier qui a raison, car les faits sont têtus, et même le rationnel ne peut pas les contourner. Nous sommes donc vraiment dans une sombre histoire du gothique le plus classique, les combinaisons spatiales remplaçant les armures.

Voyons ce que dit Maurice Lévy, spécialiste du Roman Gothique[8] : « *Roman médiéval et art gothique relèvent au même titre, en effet, de cette faculté tant décriée pendant l'âge classique : l'imagination.* » Et encore : « *Selon Blair* (ne pas confondre avec le Premier ministre anglais, il s'agit ici d'un critique littéraire du dix-huitième siècle NDLA) *à mesure que le monde progresse, l'entendement gagne du terrain sur l'imagination ; l'homme s'applique à mieux connaître la cause des choses, et s'en émerveille de moins en moins [...] Ce vieillissement de l'imagination explique qu'il faille se tourner vers les premiers âges des civilisations pour trouver une poésie authentique, toute poésie étant "fille de l'imagination"* ». Et enfin : « *La nuit accroît nos craintes par l'incertitude où elle nous plonge. C'est parce qu'elle est terrible en soi qu'on l'associe aux fantômes et non pas, comme le prétendait Locke, parce qu'elle est associée aux fantômes qu'elle est terrible.* »
Ces citations montrent parfaitement la démarche du film, car là où s'est rendu l'Event Horizon est « *une dimension de pur chaos* ».

Le Fantôme de l'Opéra de Dario Argento (1998). « *Je ne suis pas un fantôme, je suis un rat !* » affirme le fantôme à sa victime... Un rat de l'Opéra alors ? Voilà l'ambiguïté de ce film : parodie ou pas parodie ? Argento a

---

[8] In *Le Roman gothique anglais.*

abandonné l'expressionnisme pour le baroque. Son film ressemble au film *Le Masque de cire* (1996) de Sergio Stivaletti (voir ci-dessus). Argento avait déjà mis les rats en scène dans *Inferno*. Mais là les rats prennent forme humaine. Il y a même la grosse italienne des films de Fellini (un hommage ?), des vers, des araignées et des chauves-souris. Les scènes gore sont plutôt du genre comique, pleines de sens (il lui mange la langue, il est coupé en deux, il est empalé phalliquement), gros plan sur la plaie et... sur la luette de la Diva... Les queues de rat sont dans des bocaux et un type construit une balayeuse à rats. Enfin, tout le monde sait qu'un rat est dur à tuer. Mais il suffisait d'utiliser de la mort-aux-rats ! Alors, satire ou pas ?

De toute façon une manière nouvelle de traiter une histoire somme toute pas vraiment fantastique...

The X-Files de Rob Bowman (1998). Dans ce film, on n'a rien inventé dans le domaine de la mythologie du fantastique. C'est même du pillage – ouvertement avoué d'ailleurs – de films comme *La Chose d'un autre monde* et *The Thing*, *Alien* et *L'Invasion des profanateurs de sépulture*.

On y retrouve donc bien ses petits. Tout est fait pour réunir devant l'écran des millions d'initiés à la série télé. Le plaisir vient de là : on peut avoir l'impression d'une certaine communion devant toutes les références à l'ensemble de la série depuis le premier épisode... Cette complicité ironique passe par exemple par la scène où Mulder urine contre une affiche d'*Independence Day*... celle où Scully autopsie, celle où ils devaient s'embrasser, mais une abeille mutante a interrompu l'action en piquant la jeune femme, celle où le garçon ne croit pas que Fox soit du FBI, car il a « *un look de voyageur de commerce* », celle où Mulder parle du complot et où, quand son interlocuteur (joué par le magnifique Martin Landau) lui demande ce qu'il a vu, il répond : « *On a vu des abeilles et des champs de maïs* », celle de la fausse mort de Mulder... Cette complicité passe aussi par les affaires de famille de Mulder (et Scully ? Pour le prochain film peut-être...). Autrement, il y a de très beaux effets spéciaux, et, comme la mode le veut, le vaisseau spatial est très... gothique.

Sleepy Hollow de Tim Burton (1999). Je me suis précipité pour voir ce film de Tim Burton qui adapte la légende tirée d'une nouvelle de Washinton Irving *La Légende de Sleepy Hollow*. Pensez donc, il y a le sublime Johnny Depp, mais aussi les grands du fantastique : Martin Landau (très vite décapité), Christopher Lee (en juge arrogant), Christopher Walken aux dents très pointues ! L'hommage aux films dans lesquels ils ont joué est très clair. Les images et les décors expressionnistes ont ravivé mes souvenirs de cinéphile : *Le Loup-garou* (1941) de George Waggner – *L'homme invisible* (1933) de James Whale – la forêt des films de Dracula de la Hammer, etc. Le voyage vers l'horreur du début renvoie à *Dracula* et ses diverses versions. Johnny Depp, un acteur qui ne cherche pas à soigner son image, mais seulement à faire correctement son travail, campe magistralement un détective de l'étrange qui représente le rationnel dans une histoire qui ne l'est pas du tout ! Il est d'ailleurs ridicule avec ses instruments d'investigation scientifique. S'il finit par avoir raison, c'est aussi l'irrationnel qui l'emportera à la fin. Mais son problème, c'est le jeune garçon qui le définit en lui disant : *« Vous êtes possédé par la raison. »* *« Les apparences sont trompeuses »*, dit-il en faisant tourner son image qui crée l'illusion d'optique d'un oiseau en cage. Et, puis, reviennent ses rêves terrifiants, plutôt des souvenirs de l'horrible assassinat de sa mère par son père, avec une "vierge de Nuremberg". La terreur qui monte de notre inconscient est-elle si irrationnelle que cela ? Il y a aussi une sorcière excellente, la sœur de la marâtre, inévitable belle-mère des contes de fées, un arbre qui saigne, *« passage, porte entre deux mondes ».* Un seul défaut : l'explication laborieuse enlève tout le mystère bien avant la fin, qui devient tout simplement et brutalement une affaire d'enquête policière.

Matrix (La Matrice) de Larry & Andy Wachowski (1999). Ce film est une anthologie des trucages cinématographiques. Superbe ! Une photo magnifique également (Bill Pope). Il y a aussi des plans gothiques, notamment sur la hauteur et la vétusté des immeubles, l'obscurité. C'est grâce à l'informatique, aux pirates informatiques, que certains vont découvrir la nature exacte de notre civilisation... Qu'est-ce que la Matrice ? Si tu veux le savoir suit le lapin blanc comme Alice qui l'a suivi et a trouvé le pays des merveilles... Rêve, cauchemar, réalité ? Qu'est-ce que le réel, quelle est la définition du réel ? Ainsi, le spectateur peut voir le monde sur l'écran d'un vétuste poste de télévision Radiola ! En réalité nous ne sommes plus que des légumes pour nourrir les Machines ! Les êtres humains sont des piles ! et la Matrice crée l'illusion de notre monde. Stefan Wul avait déjà inventé cela dans *Oms en série* dont on a d'ailleurs fait un dessin animé. Ensuite, il y a quelques leçons de maîtrise de soi : « *On n'est pas le meilleur quand on le croit, mais quand on le sait.* » C'est très bon aussi la scène avec la prédiction : « *L'auriez-vous fait si je ne vous en avais pas parlé ?* » dit le médium au héros après l'avoir averti qu'il allait casser un vase... Ce médium est un oracle sous la forme d'une charmante vieille dame séduisante au possible. Une vision technologique de l'Ancien Testament déjà vue avec *Terminator* : les humains sont la peste et les Machines sont l'antidote. Les combats forment de magnifiques chorégraphies. Le contrechamp avec les douilles qui tombent est vraiment novateur. Le feu au ralenti, comment ils évitent les balles... John Woo n'a qu'à bien se tenir ! *Mission impossible* est mille fois battu ! Et puis il y a les chansons de Rob Zombie et Marilyn Manson !

Hantise de Jan De Bont (1999). Une moderne adaptation du livre de Shirley Jackson *Maison hantée*. Ce livre commence par ces phrases et finit par les mêmes : *« Et Hill House se dressait toute seule, malsaine, adossée à ses collines. [...] Le silence s'étalait hermétiquement le long des boiseries et des pierres de Hill House. Et ce qui y déambulait y déambulait tout seul. »* Voilà l'ambiance qu'avait bien réussi à montrer Robert Wise dans sa première adaptation *La Maison du diable*. Ici nous avons un film hollywoodien. Le réalisateur mise toutes ses images sur la maison. Ces images et les effets spéciaux sont exceptionnels. Ils montrent une bâtisse mêlant tous les styles (gothique, renaissance, baroque...), une construction vivante qui tente de phagocyter ses habitants. *« La déco ! J'hallucine ! C'est géant ».* S'exclame Theo lorsqu'elle entre pour la première fois dans le château. Ce qui est bien rendu avec les effets spéciaux, c'est la manière dont l'insomniaque donne vie à sa chambre lors de ses nuits blanches. L'escalier métallique est superbe. C'est l'album photo animé lorsqu'on en tourne les pages qui donne la solution. La hantise est une affaire personnelle, mais on finit par la partager avec les autres. Bien sûr on ne peut pas comparer les deux films. Dans *La Maison du diable,* tout est dans la suggestion grâce au *son*. Ici, on voit et le réalisateur en rajoute. D'ailleurs la fin ne respecte absolument pas la lettre et l'esprit du roman, contrairement au film de Robert Wise. On a parlé aussi du film *La Maison des damnés* comme une autre adaptation du roman de Shirley Jackson. Ce film a été adapté par Richard Matheson à partir de son roman Hill House, que l'on peut considérer comme une parodie de celui de Shirley Jackson...

Hellraiser V : Inferno de Scott Derrickson (2000)

Ce film est le dernier sorti en salle et sorti en DVD quelques semaines après.

Ce n'est plus Clive Barker qui présente, mais Dimension Films. C'est toujours Doug Bradley qui joue Pinhead « tête d'épingles ». Les frères Weinstein sont producteurs.

Ce film est traité sur le mode polar : l'enquête d'un officier de police américain qui va le conduire en enfer. Jusqu'à maintenant, je trouve que c'est le film le plus angoissant de la série, car, s'il apparaît comme s'éloignant du thème originel et orignal de Clive Barker, il le traite en fait très bien, puisqu'il s'agit de la culpabilité du pécheur...

Joseph, officier de police, est appelé parce qu'un massacre a eu lieu, genre « abattoir », comme le dit son coéquipier Tony. Sur place : bougies allumes et restes humains d'un ancien camarade de lycée de Joseph. Ce dernier extrait un livre de la bibliothèque, il y découvre une petite fiole de sang. Il y a le cube (la « boîte ») que Joseph emporte. Il porte deux empreintes de doigts. Dans une scène sentimentale de Joseph et de sa petite fille qui dort, le réalisateur nous offre des plans lovecraftiens...

Il va voir une prostituée, ils se droguent à la coca et, ensuite, il tripote le cube qui se met en marche devant ses yeux exorbités. La porte de l'enfer est ouverte et plus rien ne va plus aller pour Joseph. Ses attitudes, postures, actions, vont constamment l'amener à pécher, à mal se comporter. Ses actions vont aboutir à la mort de son indic, de son coéquipier, de sa famille entière, sa mère, son père sa femme et leur fille... Bien sûr tout cela se dévoile progressivement avec parfois, quelques fausses pistes.

Le psychologue de la police va s'avérer être ce fameux « ingénieur » qui le pourchasse et qui est en réalité Pinhead lui-même, qui dans ce film, joue son vrai rôle, celui qui punit le pécheur. Le pécheur qu'est Joseph. Il va faire des voyages dans le passé, revenir, repartir, tuer pour se défendre, croit-il, car tous ces proches qui sont morts cruellement à cause de lui tentent de le tuer...

Les cénobites pullulent. Il se voit enfant avec les doigts coupés, tous ces doigts d'enfant qu'on retrouvait sur les lieux des crimes atroces étaient les siens. Un cénobite s'arrache le masque et c'est Joseph en dessous. Après avoir tué tout le monde, il se retrouve à chaque fois dans les toilettes de la prostituée. Là où il a déclenché la « boîte »...

« Ta chair a assassiné ton esprit. » Lui dit Pinhead : « Sois le bienvenu en enfer ! »

Il va devoir vivre avec ses démons à jamais.

Les Autres d'Alejandro Amenabar (2001). Ce film utilise un seul effet spécial du cinéma pour effrayer le spectateur : le son ! Il rend ainsi hommage au film *La Maison du diable* de Robert Wise (1963). Les plans et le montage créent en eux-mêmes, par leur construction, alliée au son, une angoisse avec laquelle on a du mal à prendre ses distances. Beaucoup de spectateurs restent scotchés à leur chaise après la fin, certains d'entre eux trouvant refuge dans un rire étonné. Un très bon film, avec la merveilleuse Nicole Kidman. Il prolonge la tradition des histoires de fantômes renouée par d'autres films tout à fait récemment. Dans un autre film daté de 1997, **Ouvre les yeux**, un peu long, mais formidable, le même réalisateur traite le même thème : quelle est la réalité ? Où est-elle ? Laquelle vivons-nous ? On éprouve le même malaise que dans *Matrix* sans effets spéciaux. Ce film est sorti la même année que *Lost higway* de David Lynch. On ne peut donc pas dire que notre jeune réalisateur espagnol a été influencé par ce dernier. Pourtant les deux films sont de même niveau de qualité ! Et le remake du film *Ouvre les yeux* est réalisé uniquement à la gloire de son producteur, Tom Cruise qui a également produit *Les autres.* Ce remake s'appelle *Vanilla sky* de Cameron Crowe (2001), Tom Cruise, et puis Tom Cruise et, Tom Cruise…. Etc.

13 Fantômes de Steve Beck (2001). Lors d'une interview de Graham Masterton, ce dernier m'avait répondu la chose suivante à propos de son livre *Walhalla* : *La différence entre Walhalla et la plupart des histoires de maisons hantées est que celle de Jack (*le héros de Walhalla*) a délibérément été construite pour être hantée. Ce* film raconte le même genre d'histoire. On passe un bon moment avec une maison pleine de fantômes et bourrée de pièges. L'idée des lunettes n'est pas mauvaise bien que déjà exploitée dans *Invasion Los Angeles* le film de John Carpenter. D'aucuns disent que ces lunettes rendent hommage au film dont ce *13 Fantômes* est un remake et qui était en 3D et demandait donc au spectateur de porter des lunettes…

Hellraiser VI : Hellseeker de Rick Bota (2001)
Une variation de la nouvelle de Lovecraft *Je suis d'ailleurs*, mais aussi du film *Carnival of Soul* de Harold Herk Harvey (1962) et **Venus in Furs** de Jess Franco (1963)
Le retour de Kirsty, un des personnages récurrents de la série.
Un couple dans une voiture, la chaussée est mouillée, ils s'embrassent et ont un accident. La voiture tombe dans une rivière, la femme se noie.
Puis le film évolue, ou plutôt stagne dans les rêves et cauchemars de Trevor. Tous les gens qui l'entourent sont bizarres, le personnel médical dans lequel il se réveille, les passants, la

voisine et les voisins de son appartement, la psy qui fait de l'acupuncture, son collègue de travail, sa patronne, les policiers. Tous étranges et inquiétants... Parfois il se voit faire l'amour, parfois il se voit devant des cadavres ensanglantés. Pinhead apparaît peu, la première fois au milieu du film.

Il y a des scènes à la morgue (surtout à la fin) et toujours des décors glauques, des flaques d'eau, des murs sales et des gens malfamés.

Trevor se passe le VHS de son anniversaire de mariage. La caméra continue à présenter un film alors que le VHS a été enlevé. À la télévision, il se voit faisant l'amour avec sa patronne.

Tout son entourage meurt, y compris son collègue qui lui dit qu'il a trahi le marché qu'ils avaient fait : tuer la femme de Trevor, Kristy, et lui voler son argent. Il apprend par la police que sa femme était riche alors qu'il vit dans un sordide HLM... Pinhead lui dit : « Toujours dans l'obscurité totale ? (...) Bientôt vous saurez tout, beaucoup plus que ce que vous auriez souhaité. »

Petit à petit, le spectateur se met à imaginer que la vie de Trevor qui nous est présentée n'est pas sa vraie vie. Le passé de Trevor lui donne mal à la tête.

Trevor va voir la psy qui lui fait de l'acupuncture et la trouve morte un pic à glaces planté dans la tête. Quelqu'un essaie d'entrer, car la clenche bouge... Trevor a peur il arrache le pic à glace et s'apprête à affronter les intrus, cette arme à la main et c'est la police qui entre. Il est arrêté et accusé. C'est le début de la fin et la fin ne sera qu'un autre commencement...

D'ailleurs Pinhead le dira : « Bienvenue dans le pire des cauchemars : la réalité. »

À la fin Trevor, après avoir été presque écorché par les chaînes de Pinhead, revient à son état normal, soulève le drap qui recouvre un corps à la morgue et découvre que c'est lui qui est mort !

Puis, c'est la scène de l'enquête de police auprès de la voiture de Trevor qui a été sortie de l'eau. Il y a le cadavre de Trevor. Et aussi Kirsty, c'est elle qui avait manœuvré tout ce faux semblant grâce à la boîte de cénobites qu'on avait vue dès le début et revue plusieurs fois au cours du film... Là, le policier l'a retrouvée dans la voiture et l'offre en douce à Kirsty qui l'accepte...

Resident evil de Paul Anderson (2001). Superbe ! Une mise en scène superbement haletante. Des morts-vivants pas décevants (Pas étonnant avec du Romero sous-jacent...) Un suspens insupportable. Et puis la belle des belles... *« Jamais rien ne changera »,* déclare un personnage. Un gore gothique dans un décor high tech ! Fallait le faire... Contrairement à d'autres, j'avais déjà aimé *Event Horizon* d'Anderson. Le réalisateur se confirme donc dans ma cote personnelle.

The Breed de Michael Oblowitz (2001). Dans un futur proche, les États-Unis ressemblent à l'ex URSS. D'ailleurs le film est tourné à Budapest. Ainsi le style architectural gothique est remplacé par le style néostalinien... Les bas-reliefs sont en style réalisme socialiste, et les mots d'ordre surréalistes prolétariens. Il y a même des gens (des vampires) qui veulent fuir clandestinement le pays. L'enfer quoi ! Il pleut beaucoup et il y a beaucoup d'orages. Les vampires sont devenus une race reconnue, mais il y a des renégats. Alors on forme une équipe policière avec un Noir et un vampire. Sympas tous les deux. Le nom des personnages est hilarant ; les vampires : Orlock (le nom donné à Dracula par Murnau dans *Nosferatu*), Lucy Westenra (un personnage vampirisé du roman de Bram Stoker) et une victime : Barbara Steel, l'actrice culte qui interpréta le vampire dans *Le Masque du démon* de Mario Bava, et j'en ai sûrement raté ! On a le plaisir de reconnaître une montée d'escalier qui ressemble fortement à celle du *Dracula* de Browning. On ne s'ennuie pas une minute bien que l'image quasiment noir et blanc ne nous permet pas toujours de discerner ce qu'il se passe.

Spider-man de Sam Raimi (2002). Très agréable ce film. Les effets spéciaux sont superbes et évoquent volontairement la BD des « Comics » américains. Avec le romantisme qu'il faut, une belle nana et un amour impossible. Raimi filme toujours aussi bien et avec originalité et chante les louanges de la revanche de l'humble sur le méchant exploiteur.

Un régal quoi. Jamais un film de Sam Raimi ne m'a déçu, mais presque toujours il m'a surpris. La suite : **Spider-man 2** du même (2004), Toujours les thèmes de la solitude du héros, de la culpabilité qui engendre l'héroïsme et l'amour impossible. Et ça marche très bien dans le plus fabuleux décor gothique du monde : Manhattan ! Bravo Sam Raimi !

Fausto 5.0 d'Alex Olle et Isidore Ortiz et Carlos Padrissa (2002). Quel beau film sur la mort et comment la repousser le plus loin possible dans le temps ! Toutes les critiques que j'ai lues privilégient le pacte avec le diable. Mais l'ange déchu n'est jamais nommé et même jamais indiqué. Le personnage qui devrait le représenter est bien plus ambigu. Bien que la musique *Métal* renvoie à son image de violence. La mort est présente du début à la fin. Les premières images des équipes qui nettoient le train sont fantasmagoriques et le premier plan montre une libellule écrasée sur un des phares de la locomotive. Puis, à l'arrivée du train, un ouvrier arrache la moitié du corps d'un chien du bouclier protecteur avant de la machine. La scène de l'autopsie dans l'amphi est terrible, car montrée deux fois : par l'image de la caméra qui tourne le film et par le grand écran situé derrière le docteur. C'est un film difficile, car le montage n'est pas linéaire, il est adroitement réalisé pour une narration en spirale… Il y a un poisson dans l'eau des WC… Le docteur hésite devant trois portes des… WC. L'humour est noir, très noir... Et puis il y a ces rues désolées de l'industrie en ruines de Badalona, la banlieue de Barcelone. Ce fantastique gothique, dont le décor n'est plus constitué par les abbayes, mais par les rues sordides de nos pays modernes. Si le « diable » ne lui avait pas montré les plaisirs de la vie, il serait mort. Était-ce le diable ou la Mort ?

L'Échine du diable de Guillermo del Toro (2002). Les lendemains ne chanteront pas, mais la lutte reste indispensable ! Quelle atmosphère dans cet orphelinat pour enfants des combattants "rouges" morts à la guerre d'Espagne. Le fantôme de la maladie infantile du communisme prend sa revanche. Ou plutôt n'est-ce pas le spectre du communisme lui-même ? On craint de s'ennuyer, mais on reste scotché ! Le réalisateur (qui est Mexicain et non pas Espagnol comme le film...) dédie ce film à son père. Mais pourquoi la bombe n'a pas explosé ? Le prologue du bombardement est impressionnant. Le réalisateur joue sur le mensonge du cinéma qui réussit à faire croire ce qui n'est pas en montrant que ce qu'il veut. La magie du montage et du plan !

Hypnotic de Nick Willing (2003). Un délicieux petit film vampirique (mais ici le vampire n'a pas l'apparence habituelle...) fort bien tourné avec les gros plans qu'il faut au moment où il faut pour bien mettre le spectateur dans l'ambiance. Le plan-séquence à la grue qui fait passer l'image d'un côté à l'autre du pont sur lequel passe le métro aérien de Londres est tout un programme à lui tout seul : il montre que certaines constructions sont capables de faire passer les personnages dans un autre monde, celui de la terreur. C'est un peu Lovecraftien. C'est une histoire de sang qui apporte l'immortalité.

Ce film est tiré d'un roman *Doctor Sleep* de l'auteur américain Madison Smart Bell. Je n'ai pas lu le livre, mais franchement le scénario du film a l'air de sortir tout droit du cerveau terrifiant de l'auteur anglais Graham Masterton, à tel point que l'on peut penser au plagiat. J'avais posé la question suivante à Graham Masterton (voir ci-dessus) : *« Je pense que l'influence de votre œuvre est très importante dans ces films. Ainsi,* Fantômes contre fantômes *me semble directement inspiré de votre roman* Démences *et* Wishmaster *de votre roman* Le Djinn*. Avez-vous vu ces films ? »* Réponse de Graham : *« Je n'ai regardé ni* Fantômes contre fantômes *ni* Wishmaster*, mais j'ai vu beaucoup de films d'horreur ou de fantaisie qui possédaient apparemment certaines idées de mes ouvrages*. Les Griffes de la nuit[9]*, par exemple, est sorti quelque temps après la publication de mon roman* Les Guerriers de la nuit*, dans lequel des personnes combattent le mal dans leurs rêves. Qui peut dire si Wes Craven a lu ou n'a pas lu ce livre ? Est-ce si important ? Le genre*

---

[9] Le premier « Freddy » réalisé par Wes Craven.

de l'horreur, comme tous les autres, crée ses propres mythes au fur et à mesure. Plusieurs de mes livres s'inspirent librement d'H.P. Lovecraft, simplement parce qu'il faisait partie du peu d'auteurs qui ont créé une mythologie américaine à part entière. Aussi loin que je puisse remonter, je n'ai trouvé aucun film d'horreur qui traitât de la magie et de la mythologie des natifs américains avant Manitou, *mais il y en a eu plusieurs depuis, tel que Poltergeist et ce film où Christophe Walken joue l'ange Gabriel et dont je ne me rappelle plus le titre.* »

Voilà donc une affaire réglée en ce qui concerne le plagiat ! Il y a aussi un peu de l'histoire de *Rose Mary's baby* dans ce film. *Hypnotic* est un film à voir...

Hellraiser VII : Deader de Rick Bota (2003)
Le générique présente des scènes de l'objet du reportage de la journaliste Amy Klein : les drogués au crack.
Ensuite elle est chargée de mener une enquête à Bucarest sur les « deaders ».
Suite à la réception d'une cassette qui montre l'exécution d'une fille d'une balle dans la tête et sa résurrection après un baiser reçu par un type en imperméable blanc qui s'appelle, je crois, Winter (on le saura plus tard). La cassette a été postée à Bucarest. Son patron y envoie Amy.
Là-bas son enquête la mène dans un immeuble genre celui du film *Inferno* de Dario Argento. Elle s'introduit dans l'appartement de

la personne qui a envoyé la cassette, y trouve une jeune femme morte qui s'est visiblement suicidée en se pendant. Elle y trouve aussi des photos de gens qu'elle a vus sur la cassette et une enveloppe contenant une autre cassette. On va de cassette en cassette et en boîte, puisqu'elle trouve aussi dans cet appartement, un cube de cénobites ! Cette deuxième cassette lui montre la femme qui s'est pendue faire part de sa terreur : « Il fera naître des démons et ensuite te demandera de le rejoindre. Et si tu le fais, jamais tu ne pourras revenir en arrière. Mais par-dessus tout, n'ouvre pas le cube. Il te le demandera, mais ne l'ouvre pas. Il n'y a que toi qui puisses arrêter tout ça. Je t'en supplie. » Puis elle lui donne un rendez-vous à la station de métro, dernier wagon. Ensuite, Amy n'écoute surtout pas les recommandations de la pauvre fille et tripote le cube. Il s'ouvre. Ce qui déclenche l'irruption des chaînes et crochets qui l'attrapent. Ça fait mal ! Mais ce n'était qu'un rêve. Pinhead apparaît et lui dit : « Surtout n'oublie pas que tu es toujours en danger. »
Ah ?
Elle va à la station de métro. Elle y voit une femme dans un imper en plastique, assise sur un banc au-dessus d'une mare de sang. Cette scène est importante pour ce qui va suivre.
Elle va à l'endroit que lui a indiqué un dénommé Joe dans le train qui lui conseille de ne pas y aller. C'est à cet endroit que Winter tue et fait renaître… Elle lui montre le cube, il se

l'approprie en disant que « c'est un objet de famille en quelque sorte... »

Elle se réveille dans sa baignoire.

Un rêve récurrent est montré : un type viole une petite fille. On saura plus tard que c'est son père et elle.

Du sang coule sur elle, provenant d'elle. Elle a un grand couteau planté dans le dos... Elle réussit à l'enlever en coinçant le manche dans une porte de placard.

Pinhead apparaît, très bavard. Je cite son discours : « Non, tu ne rêves pas ! Un homme t'a recrutée pour être un soldat dans une guerre qui n'est pas la tienne. Une guerre qu'il ne gagnera jamais. Tu as ouvert le cube, maintenant ton âme m'appartient, tout comme la sienne. Les deaders ont trouvé un passage pour pénétrer dans mon monde, mon domaine. Mais pour atteindre leur but, ils ont besoin de toi. Si tu veux revenir en arrière, tu n'as qu'un seul moyen. Moi ! Je suis ton rédempteur, je suis le seul chemin. »

Elle se rhabille et sort. Elle saigne toujours. Elle doit devenir un deader de son plein gré.

Après d'autres péripéties sanglantes, elle voit la petite fille violée tuer son père avec le grand couteau. Amy meurt en même temps et se retrouve dans le lit de mort/renaissance où officie Winter. Il lui donne un couteau. Au lieu de se tuer, elle lance le cube au loin. Il s'ouvre, Pinhead apparaît avec ses cénobites et les chaînes à crochets sortent des murs et écartèlent Winter qu'ils écorchent et dépècent. Tous les participants sont éventrés. Il ne reste plus qu'Amy. Elle se tue avec le couteau et le cube aspire Pinhead et les cénobites…

Hellraiser VIII : Hellworld de Rick Bota (2003)

Lance Henriksen joue le rôle de Host.

Hellworld est un jeu vidéo basé sur Hellraiser. Les adolescents en sont fous. L'un d'eux, traumatisé par ce jeu infernal, creuse sa tombe dans un hangar, s'asperge d'essence et met le feu. Toutes ses copines et ses copains sont là à ses obsèques. Jack, qui leur reproche d'avoir pratiqué ce jeu qui est la cause de la mort de leur ami et Chelsea, la petite amie du défunt.

Quelqu'un organise une fête basée sur ce jeu, dans une grande maison isolée dans la forêt. Ils y vont tous. Host le meneur de jeu les fait visiter et leur fait un cours sur cette maison appelée Léviathan. Elle fut bâtie par Lemar-chand, on y voit son portrait. C'était autrefois un couvent et une nonne, Ursula, fut influen-cée par le cube. Les 80 nonnes disparurent sans laisser de traces.

Il ne restait que quelques morceaux d'Ursula. Puis la maison fut un asile psychiatrique pour dangereux psychopathes.

On aperçoit quelquefois Pinhead qui punit atrocement tous ces jeunes pécheurs. Et ses cénobites aussi…

Les morts sont terriblement atroces dans la plus pure tradition des Hellraiser. On voit Host creuser des tombes dans le parc. Il y a plusieurs moments de suspense ratés. Le téléphone sonne tout le temps.

Petits hommages aux films genre Scream, où des ados sont horriblement punis de s'adonner au plaisir de la chair.

En fait nous saurons à la fin que tout cela n'est qu'une illusion, seuls les amies et amis du défunt sont présents. Le meneur de jeu, Host, leur a fait boire un alcool drogué pour les hallucinations et utilise d'autres moyens pour ceux qui ne l'ont pas bu. Donc ce n'est pas du tout du Hellraiser. C'est un Hellraiser bidon. Il n'y a que deux survivants parmi les amies et amis du défunt Adam.

À la fin, on voit Host se soûler dans une chambre d'hôtel et il trouve dans ses affaires un cube cénobite. Il le tripote cet idiot et le déclenche. Pinhead apparaît et un cénobite découpe Host en trois morceaux. C'est une fausse fin, car il y a encore une autre fausse fin…

La Ligue des Gentlemen Extraordinaires de Stephen Norrington (2003). Excellent ! Cette idée qui vient d'Alan Moore de reprendre tous les personnages des grands romans de l'époque victorienne ne peut que ravir tout amateur de SF ! C'est du steampunk des plus élaboré… On ne s'ennuie pas une minute et le décalage systématique de la nature de chacun de ces personnages qui ont obsédé la littérature fantastique et le cinéma est très séduisant.

Underworld de Len Wiseman (2003). Romeo et Juliette chez les vampires. Sacré Shakespeare ! Toujours aussi vivant ! Les Capulet et les Montaigu sont les vampires et les loups-garous. Ce nouveau Roméo et Juliette est excellent. De l'action qui vous tient les nerfs du début à la fin. Un retournement de moralité en milieu de film, les bons deviennent les méchants et vice versa... La fille est extraordinairement belle. Du vrai gothique, lourd et glauque. Les décors sont délicieusement macabres et décadents.

Alien Vs Predator de Paul Anderson (2004), superbe! On ne s'ennuie pas une minute. Des décors fantastiques, des acteurs à la hauteur servent un scénario très habile qui mêle de la nouveauté et un respect de la "tradition" des deux créatures allant jusqu'à reprendre quelques idées des opus précédents. Un petit hommage au début au "Frankenstein" de James Wahle dont on voit une scène sur l'écran de la télé que regarde un technicien dans une scène du début. Et puis la première scène est stupéfiante (tant pis pour les spectateurs qui discutent au début sans regarde le film), car elle montre un certain angle de vue d'un objet dans l'espace qui représente la reine des aliens et quand l'objet passe devant la caméra il ne s'agit que d'un satellite. Cette illusion due à la magie du cinéma a toute son importance pour la suite... Le film est trop court...

Constantine de Francis Lawrence (2004). John Constantine est un chasseur d'hybrides, des créatures mi-hommes mi-démons. Chacun doit rester dans son univers : les anges au ciel, les démons en enfer et les humains sur terre. Comme dans toutes ces histoires, Constantine devra empêcher le fils de Lucifer de venir dans notre univers. Tout commence avec la découverte (par hasard ?) de la lance qui a tué le christ sur la croix. C'est ce que la légende appelle la Lance du destin.

Le cinéaste joue beaucoup sur la plongée et la contre-plongée. Chacune a son symbole. La contre-plongée sur le mégot de cigarette que Constantine laisse tomber au sol par la fenêtre de la voiture est tout un symbole, car on saura plus tard qu'il est condamné par le cancer du poumon, ce qui contribue à montrer au spectateur le côté humain et vulnérable du personnage. La scène de l'exorcisme est très bien faite et originale avec l'emprisonnement du démon dans le miroir. La contre-plongée signifie la mort, comme celle de la chute d'Isabelle. L'eau joue un rôle central dans cette histoire, elle est toujours et partout présente, elle sert à passer en enfer ! D'où les bombonnes d'eau empilées dans le bureau de Constantine... Une très belle contre-plongée sur une goutte d'eau qui tombe et qui reste suspendue en l'air indique le passage en enfer. Et la scène de l'arrosage anti incendie par de l'eau bénite est hallucinante. *L'eau est un conducteur universel* déclare Constantine.

Les effets spéciaux, assez discrets sont parfois surprenants comme la mouche qui sort de l'œil d'un personnage. La vision de l'enfer est également assez sobre.

L'ange Gabriel est le pivot de l'histoire et Lucifer (dit "Lulu"), tout habillé de blanc, nettoie le goudron des poumons de Constantine avec ses mains nues.

Les motivations de l'ange Gabriel ?

Il n'y a que face à l'horreur que vous les humains montrez la noblesse qui est en vous !

J'ai passé un excellent moment avec l'excellent Keanu Reeves.

Saint-Ange de Pascal Laugier (2004). C'est un film sur la culpabilité et sur un phénomène psychanalytique des rêves que Freud avait qualifié de « cristallisation » : il s'agit de transférer sa culpabilité sur un autre personnage du rêve que soi-même. C'est ce que fait Anna et c'est toujours l'explication rationnelle que l'on peut donner aux hantises. Ici, la folle n'est pas celle que l'on croit, mais la folie règne dans la maison elle-même. Le réalisateur ennuie un peu le spectateur, car certaines scènes tirent vraiment trop en longueur. Mais ce cinéaste a de l'avenir. Les deux actrices ne sont vraiment pas convaincantes. Ceci dit, *Saint-Ange* mérite d'être vu… Beaucoup de spectateurs se sont posé bien des questions sur ce film. J'ai d'ailleurs eu des échanges avec des lecteurs par Internet. Voici ce que j'en pense. Le personnage joué par Viginie Ledoyen veut cacher son état (elle est enceinte)

: plusieurs scènes la montrent à comprimer son ventre, ce qui soi dit en passant n'est pas très bon pour le bébé. A-t-elle peur de ce qu'en penseront ses "collègues" ? Pas du tout puisque lorsqu'elles découvrent son état elles l'admettent et même s'en réjouissent. La culpabilité vient donc de chez elle... Elle a visiblement été torturée. Peu me chaut de savoir par qui. Comme toute victime (mais a-t-elle été victime ? nous ne le saurons jamais...) elle a une fascination pour son bourreau... Elle cristallise donc sa culpabilité sur l'autre fille et le sadisme dont elle a été "victime" sur la femme d'origine polonaise. Une scène centrale le montre : lorsqu'elle croit que la "folle" (mais l'est-elle vraiment, ou n'est-ce pas plutôt elle qui l'est ?) est montée dans la maison parce qu'elle l'entend et qu'ensuite elle la voit pourtant dehors... et aussi une autre, celle des chatons noyés qui semble montrer la culpabilité de la femme d'origine polonaise. Tout le film fonctionne ainsi comme un rêve, un cauchemar...

L'existence des enfants comme fantômes ?

Si j'avais fait ce film, je n'aurais pas traité cette question comme le scénariste l'a fait. Car lui, il met en scène dès le début l'existence des enfants comme fantômes avec le prélude où le petit garçon et la petite fille vont aux toilettes et que le petit garçon VOIT un fantôme au travers de la glace. Donc selon le film, les enfants sont des fantômes.

Mais je dirais, comme toute hantise, ils représentent une culpabilité et c'est cette culpabilité qui est cristallisée sur les deux autres personnages, l'outil de cette cristallisation étant les fantômes (et non le rêve, car finalement selon le film, la jeune fille ne rêve pas). Elle finit grâce aux fantômes à réaliser ses désirs (car Freud n'a-t-il pas dit que le rêve n'était que la satisfaction d'un désir ?) SON désir : ne pas avoir cet enfant...

Van Helsing de Stephen Sommers (2004). Excellent film de divertissement. Stephen Sommers a réussi un tour de force avec ce scénario : il reprend tous les grands personnages fondateurs du fantastique moderne et les rassemble dans une seule et même aventure. Une fois fait cela semble aller de soi, mais là je vous assure que c'est très difficile. Le Dr Jekyll (au début seulement… avec donc un hommage à la *Ligue des gentlemen extraordinaires*), Frankenstein, Dracula, le loup-garou.! Il y a aussi de nombreux hommages à d'autres personnages de films plus récents : évidemment Indiana Jones avec l'incroyable scène de la diligence et d'autres choses encore, le Dracula de Coppola avec la rivière au fond du gouffre, et puis même une réplique d'Anna à la fin qui est un hommage flamboyant au film de Sergio Leone *Le Bon, la Brute et le Truand*, les scènes de chevauchées dans la forêt tirées des films de La Hammer et *Aliens* (la scène avec Anna et le loup-garou dans le château et les "œufs" de vampires). Il y a aussi James Bond (la scène dans le labo avec les gadgets) et *Vampires* de Carpenter

avec le rôle de l'Église dans l'intrigue. Le prologue en noir et blanc qui rend hommage au
Frankenstein de James Whale est superbe.
Quelques petites scènes qui renvoient au
"Nosferatu" de Murnau (tâchez de les découvrir...), au *Bal des vampires* de Polanski
(d'ailleurs Dracula ressemble étrangement à
Polanski...), et puis sans savoir exactement
quoi, bien des choses me font penser au
Masque du démon de Mario Bava. Enfin bref,
je n'ai jamais vu un film qui rassemble autant
de références cinématographiques, bien plus
que celles de l'Universal... Alors ce film est une
pépite pour le grand public et *aussi* pour le cinéphile. Le générique de fin à lui seul est un
chef-d'œuvre...
Les effets spéciaux sont superbes et les trois
fiancées de Dracula aussi ! D'ailleurs voici ce
qu'en dit Stephen Sommers interviewé par
Marc Sessego dans Sfmag N° 43 : « *Le problème est qu'il y a très peu de jeunes femmes
à la plastique superbe sachant jouer. On (*avec
Coppola NDLR*) a vraiment cherché partout, et
je suis tombé sur cette cassette d'Elena Anaya
et j'ai été tellement impressionné que je me
suis dit : c'est elle qu'il me faut.* » Les décors
sont somptueux, très suggestifs et très vrai-
semblables ; la photo est également très belle.

Bloodrayne d'Uwe Boll (2005)
Il est de bon ton de critiquer Uwe Boll, auteur
de *Alone in The Dark* (voir ci-dessus) et *House
of the Dead* (2003). Je ne suis pas aussi sé-

vère. Même si ce film a eu plein de prix aux Razzies Award...

Une belle jeune femme, mi-vampire, devient chasseuse de vampires. C'est un joli petit film. Très gothique. Rayne (la vampire en question) part à la chasse de reliques qui doivent lui permettre d'approcher Kagan le vampire, son père qu'elle veut tuer, car il a assassiné sa mère. Le scénario ne casse pas des barres, mais ce n'est pas un film pour intellectuels de gôche... Il y a une superbe photo et de superbes images de paysages tournées en Roumanie. Les combats ne sont pas toujours terribles. Lire la chronique de *Bloodrayne 2* plus loin.

C'est une adaptation d'un jeu vidéo.

Le Labyrinthe de Pan de Guillermo del Toro (2005)

Del Toro a une double carrière : celle des films à grands spectacles comme *Mimic, Blade 2 et Hellboy*, et celle des films plus profonds et tout aussi fantastiques comme *Cronos, L'échine du diable* et ce *Labyrinthe de Pan.*

Dans ce dernier film, on retrouve les deux ingrédients du premier – *Cronos* - : le sang et l'horloge, l'obsession de l'éternité ; mort ou vif, l'essentiel est de ne pas être oublié... C'est ici l'obsession du père (qui est aussi *beau-père* de l'héroïne, une petite fille qui doit devenir la princesse du monde des fées...) qui bichonne la montre de son propre père, montre que ce dernier avait cassée juste avant le combat où il allait mourir pour fixer l'heure de sa mort dans l'éternité.

Le sang, c'est aussi celui de la guérison grâce à la mandragore placée sous le lit de la mère enceinte et mourante. C'est aussi le sang qui fera reculer la petite princesse...

Le film commence par un court prologue sur la princesse du monde des fées. Il annonce déjà la terrible fin par une image à rebours. Il plante le décor, celui de la forêt où la petite jeune fille redonne un œil à une statue étrange et rencontre une fée sous forme d'un gros et long insecte volant. Del Toro reprend ici le son de ses insectes dans *Mimic*... Cet insecte – une fée je le rappelle..- fera le lien tout au long du film entre le monde réel et le monde des fées (imaginaire : donc, il existe en tant que fruit de l'imagination !).

Le livre que reçoit l'enfant des mains du faune est appelé "Le Livre de la croisée des chemins" et la petite jeune fille devra passer trois épreuves pour être reconnue comme la reine des fées.

En attendant, son beau-père traque les derniers combattants républicains de la guerre civile espagnole (nous sommes en 1944).

Retrouver le monde des fées pour la toute petite jeune fille, c'est alors échapper à ce monde terrifiant et cruel, le vrai monde de l'horreur ! Y parviendra-t-elle ?

Car, comme le dit le beau-père à sa femme, mère de la petite future ex-reine des fées : "Vois où mènent les lectures de ta fille !"

La traduction française du titre (*Le Labyrinthe du faune* en espagnol) reprend le grand dieu Pan de mon cher Arthur Machen. Pan dont le petit peuple enlevait les enfants des humains... Un petit clin d'œil à Machen et son "successeur" Lovecraft", dont le fantastique de Guillermo del Toro est imprégné par son fantôme ?

Underworld 2 evolution de Len Wiseman (2005).

Le second volet de cette histoire de guerre entre les loups-garous (lycans) et les vampires. Certains critiques ont trouvé le scénario compliqué ! Rien de plus simple pourtant : un vieux vampire a vu ses enfants frères jumeaux devenir pour l'un vampire et pour l'autre loup-garou. C'était il ya 600 ans. Aujourd'hui, le petit frère veut relâcher l'horrible loup-garou enfermé pendant tous ces siècles. C'est compliqué ça ?

Le film commence avec une scène stupéfiante de combat entre vampires et loups-garous au Moyen Âge. Ceux qui n'ont pas compris le scénario ont dû arriver après cette scène...

Le film comprend une grande quantité de très jolis plans et des bagarres à couper le souffle. Excellentissime...

Évidemment ce film n'est pas recommandé pour ceux qui aiment les vampires chochottes et les loups-garous petits chienschiens à sa maman...

Ça saigne énormément et c'est très violent. Wiseman rend hommage à Dracula avec sa scène du bateau qui vogue en direction du port et qui ne manque pas de rappeler le Nosferatu de Murnau...

La belle Kate Beckinsale moulée dans son costume en latex vaut à elle seule d'aller voir le film.

Un excellent film : vivement la 3e partie !

Stay Alive de William Brent Bell (2005)

Ce film a un côté intéressant dans la mesure où il tente de mêler gothique et jeux vidéo.

En effet, un jeu, *Stay Alive,* met en scène la comtesse Erzebeth Bathory qui assassine les joueurs un à un, dans le jeu, mais aussi dans la réalité.

La comtesse (1560-1614) a vraiment existé ; elle faisait enlever d'innocentes jeunes filles pour les vider de leur sang dans sa baignoire et ensuite elle se baignait dans ce liquide biologique pour rester éternellement jeune. Le blason des Bathory comprenait trois dents de loup d'où, dans le film, l'idée de la manière de la détruire... Cette idée, dans le film toujours, est trouvée dans un livre *Le Marteau des sorcières (Malleus Maleficatum)* livre qui existe également, car il a été écrit par deux grands inquisiteurs (Henry Institoris et Jacques Sprenger) en reprenant les "aveux" de pauvres femmes accusées de sorcelleries et qui, pour la plupart, préféraient avouer n'importe quoi plutôt que d'être soumises à la torture... Ce livre est d'ailleurs disponible en librairie (Éditions Jerôme Millon). Ceci dit, les personnages du film auraient eu du mal à y

découvrir comment tuer la comtesse, car il a été publié en 1486, bien avant sa naissance...
Enfin, le scénariste a rajouté la diligence noire telle celle du comte Dracula et, pourquoi pas ? Celle de Jack l'Éventreur...

Voilà beaucoup de références plaisantes dans ce film, d'autant plus qu'à ma connaissance, c'est la deuxième fois seulement que la sanglante comtesse Bathory est mise en scène (la première fois ce fut avec *Les Lèvres rouges* (1970) de Harry Kumel avec la splendide Delphine Seyrig).

À part ça il est vrai que le film est un peu plat, mais il mérite quand même d'être vu...

Silent Hill de Christophe Gans (2005)

Un mauvais rêve, un labyrinthe avec des monstres à chaque coin, des monstres étonnants. Parfois une sirène incendie hurle et le noir total règne : c'est le temps des ténèbres et des monstres qui s'en échappent. Cette sirène est située sur le clocher d'une église perchée sur son glacis. Il y a aussi une chambre cachée.

Je ne connais pas le jeu vidéo, mais le film est angoissant. C'est un film d'épouvante plus qu'un film d'horreur.

Ce que vit l'héroïne c'est comme une dépression : on se perd, on est envahi par l'obscurité, on croit s'en sortir et on plonge encore mieux l'instant d'après. On recherche une issue en évitant la folie, mais c'est dur !

D'autant plus que constamment l'enfer rougeoie sous nos pas, là-bas, tout au fond.

Un petit chef-d'œuvre de fantastique comme on n'en a pas vu depuis très longtemps !
J'attendais Christophe Gans depuis longtemps et je ne suis pas déçu. Bravo !
Les effets spéciaux ont été réalisés par notre ami Tatopoulos qui nous a fait l'honneur de nous accorder deux interviews dans Sfmag. Un petit génie créatif : ses monstres sont de véritables œuvres d'art.
Les actrices sont sublimes particulièrement la deuxième petite fille...
Les femmes sont encore au centre de toute cette histoire, et elles jouent le rôle principal à cinq, les hommes ne sont que des figurants.
J'adore !
Je rappelle que Christophe Gans est un admirateur de John Carpenter, dont il connaît l'œuvre par cœur et qu'il sait analyser en grand cinéphile. Christophe Gans se fait trop rare au cinéma.

Mortuary de Tobe Hooper (2005)
Massacre l'été dernier au sous-sol dans la dernière maison du cimetière à gauche de la colline.
Voilà l'annonce du film de Tobe Hooper. Il met donc en avant ses hommages avec ce pot pourri de titres de films d'horreur.
On y trouve Wes Craven (Le Sous-sol de la peur – La Dernière maison sur la gauche – La Colline a des yeux) et aussi Lucio Fulci (La Maison près du cimetière) et aussi Souviens-toi l'été dernier de Jim Gillespie... Mais dans le film il y a aussi un hommage appuyé à Le Re-

tour des morts-vivants (N°1) de Dan O'Bannon avec son horreur qui se déroule impitoyablement et surtout le très beau Dellamorte Dellamore de Michele Soavi. On voit bien que le cinéaste rend hommage au film d'horreur italien.

Donc pas de problème on est prévenu.

Il y a aussi un magnifique thème lovecraftien (c'est d'ailleurs ce thème qui est l'explication des faits...)

Certains ont cru voir deux parties dans ce film : une première partie sérieuse et une deuxième moins. Il faut bien comprendre que ce film est composé exclusivement d'humour macabre très noir. Certains peut-être n'y verront même pas d'humour... Donc qui dit humour macabre, dit macabre : et le film commence bien par là ! Et ne cessera de l'être jusqu'à la fin, bien typique de ce genre de cinéma !

Un vrai délice... macabre et lovecraftien.

Comme toujours, Tobe Hooper présente une vision de l'Amérique pas très réjouissante : c'est le moins qu'on puisse dire.

Half Light de Graig Rosenberg (2006)
Des gens habitant au bord d'un canal et laissent leur petit garçon sans surveillance (!)

Et ce phare ? Elle se réfugie dans une maison isolée, mais un peu plus loin se trouve une île avec un phare et... un jeune gardien.

Mais la présence est insistante de la culpabilité de la mort de l'enfant... Et la hantise.

Est-ce une fausse histoire de fantôme ? Un coup monté ? Par qui ?
Non ! Il y a vraiment un fantôme !

Abandonnée de Nacho Cerda (2006)
Une superbe histoire de fantômes. Une histoire de famille.
Une femme revient en Russie à la recherche de son passé. Elle n'a pas l'air de bien s'entendre avec sa fille Émilie. Elle vient en Russie pour prendre possession de son héritage : une vieille maison située sur une île au milieu de la rivière. Elle avait été adoptée 41 ans auparavant. Sa mère avait été assassinée.
Au début, le film semble s'installer dans les clichés du genre : un village sinistre, des gens bizarres, des regards entendus... Mais ne vous y fiez pas.
En route vers la maison dans le camion d'un drôle de type qui l'abandonne en pleine nuit.
Une ombre passe au tout premier plan et traverse le champ de la caméra alors qu'elle filme plus loin la femme. Dans ce film chaque image compte : ne perdez pas l'écran de vue ne serait-ce qu'une seconde. Elle retrouve son frère jumeau dans des circonstances dramatiques. Ils sont tous les deux dans la maison sous le regard des esprits invisibles. L'atmosphère est étouffante. La rencontre que font les deux jumeaux est terrifiante. Il leur faudra affronter leurs propres démons. Puis c'est la nuit dans la forêt, mais la maison se trouvera de toute façon sur son chemin.

« *On dit que quand on voit son double c'est que ton heure a sonné.* » Déclare le frère.

Le son a beaucoup d'importance dans ce film comme dans *La Maison du diable* (1963) de Robert Wise.

« *Il ne faut pas savoir… Ce qui est encore mieux c'est être abandonnée.* », déclare Émilie…

Mother of Tears (La Troisième mère) de Dario Argento (2007)

Les effets spéciaux sont réalisés par le grand Sergio Stivaletti qui a réalisé un petit chef-d'œuvre d'épouvante : *Le Masque de Cire* (1996) film qui devait être réalisé par Lucio Fulci, mais ce dernier décédait et Stivaletti a pris la relève. Robert Hossein y joue le rôle principal d'une manière magistrale.

Mother of Tears est le troisième de la trilogie des sorcières. Le premier est *Suspiria* (1977) et le second *Inferno* (1979), deux chefs-d'œuvre du cinéma fantastique. On ne sait pas si Argento avait prévu de faire une trilogie à l'époque de ces deux films, le fait est qu'il l'a fait. Le prologue de ces deux films est une anthologie de l'histoire du cinéma. Les scènes les meilleures qu'on ait tournées dans le genre fantastique expressionniste de couleurs. Je ne suis pas le seul à le penser, John Carpenter a la même opinion qu'il a exprimée dans son interview croisée avec Dario Argento dans la revue *Simulacres* (hiver 2000). À la question : « Si vous deviez choisir chez l'autre une séquence. (…) laquelle choisiriez-vous ? »

Carpenter répond (extraits) :

« Ce serait la séquence aquatique au début d'*Inferno*. Elle m'a énormément marqué. (...) Mais je choisirais juste après la séquence d'ouverture de *Suspiria*, qui, pour moi, est la séquence la plus impressionnante que Dario ait jamais tournée(...) »

Argento est également un fan de Carpenter ! C'est pourquoi avec *Mother of Tears* il rend un hommage appuyé au film *L'Antre de la folie* (1994).

Ainsi, toujours dans la même interview, Dario Argento est amené à parler de ce film de Carpenter. Ce dernier évoque la manière dont le cinéma peut traiter du "réel" : « Nous vivons dans ce qu'on appelle une *réalité naïve,* autrement dit nous croyons que les objets sont en trois dimensions, que nous sommes assis, ici ensemble, à la même table. Tout ceci est physiquement faux et pourtant personne ne le sait. Pourquoi ? »

L'interviewer pose la question : « Le cinéma peut-il capter cela ? »

Carpenter : « Non absolument pas. Et je peux vous dire que j'ai essayé plusieurs fois et je n'y suis jamais arrivé. »

Argento : « (...) je crois au contraire que dans *L'Antre de la folie*, vous y êtes parvenu. »

Enfin, Dario Argento doit sans doute être un lecteur de Graham Masterton dont on retrouve la patte scénaristique dans ce film.

Voilà ! Dario Argento ne tourne pas pour faire plaisir à ce qu'on appelle « la grande forme » au cinéma. Il tourne comme il l'entend lui-même et pas comme l'entendent les critiques ou les « professeurs » de cinéma. Il ne suit pas la mode des "survival", ces films bien léchés, mais qui ne sont que des moignons de films fantastiques. C'est pourquoi son cinéma dérange. Tous ses films ont été méchamment critiqués à leur sortie. Ses anciens films sont entrés dans l'histoire du cinéma. Pourtant cette attitude de la critique continue : ainsi, on ne peut plus nier la qualité de l'artiste, mais on dit maintenant qu'il n'est plus ce qu'il était. Mais tout le monde évolue. Même les grands artistes.

En ce qui concerne ce film, Argento poursuit sa recherche cinématographique. Donc, quand on fait de la recherche, ce qu'on fait n'est pas léché… Mais c'est une œuvre d'art quand même. Argento ne suit pas la mode actuelle du film d'horreur tourné sans aucune poésie, la poésie que Baudelaire a su donner au macabre et à l'horreur…

Et ce que certains voient comme des maladresses n'en sont pas, car Argento a encore le sens de l'humour !

Il y a donc trois "mères" : Mater suspirium (mère des soupirs) qui s'est installée à Fribourg (le film *Suspiria*), mater tenebarum (mère de la douleur) qui s'est installée à New York (*Inferno*), et celle de ce film, mater lacrimarum (mère des larmes).

L'histoire : lors de travaux de voirie aux abords d'un cimetière, on découvre un cercueil auquel est enchaînée une urne. L'urne est envoyée par un prêtre chez un archéologue. Argento prépare le spectateur par une belle image d'avertissement quand un autre prêtre prend une photo. Ce genre de scène est la marque de fabrique de Dario Argento.

Lorsque les archéologues ouvrent l'urne, la goutte de sang est un hommage appuyé au film de Mario Bava *Le Masque du démon* (1961) dont le scénario de ce film s'inspire directement. Ensuite, nous assistons à une horrible exécution comme seul Argento sait les tourner. Puis... la violence se déchaîne dans la ville.

Dans la scène de la librairie, on voit un moment en premier plan des couvertures de livre dont l'un a pour titre *Ligeia,* un hommage à Roger Corman et à Edgar Poe...

Comme il le fait toujours, Argento multiplie les moyens d'exécution des victimes : porte des WC du train, boîte d'allumettes, hachette, couteau, lance, fleuve. Même l'endroit du corps par lequel la Mort arrive est varié...

J'adore comment il filme champ contre champ avec de légers mouvements de caméra, l'école de Mario Bava. Le très long plan-séquence de l'entrée de Sarah (jouée par Asia Argento) dans la maison de la sorcière va également entrer dans l'histoire du cinéma. Le cinéaste réalise le tour de force de faire un plan-séquence avec de multiples éclairages, des vues plongeantes, contre plongeantes, des travellings, etc. Stupéfiant ! Plan-séquence interrompu par un événement brutal, mais pas celui auquel on peut s'attendre.

La marque artistique de Dario Argento c'est aussi ce plan bref qui nous fait voir en plongée un vêtement rouge au travers d'une vitre d'un train qui passe. Mais aussi la minuterie du couloir qui se remonte comme une horloge…

Il y a quelques scènes qui font sursauter. Et puis il y a la ville de Rome, un véritable hommage à ce qu'il peut y avoir de meilleur au cinéma, par exemple le film de Mario Bava *La Fille qui en savait trop* (1963).

« Ce que tu vois n'existe pas, ce que tu ne peux pas voir est la vérité », est inscrit au fronton de la maison de la sorcière… Peut-être un message adressé à la critique cinématographique ? (Voir également l'échange avec Carpenter ci-dessus).

Dario Argento nous rappelle aussi que Clive Barker n'a rien inventé.

Dead Silence de James Wan (2007)

Le réalisateur de « Saw » (le premier, pas les suivants…) continue de tracer son sillon dans l'horreur…

Cette fois, il choisit le gothique pour nous faire peur.

Le film démarre fort après un générique explicatif. Livraison d'une marionnette de ventriloque inattendue et une mort atroce de la jeune fille. Une poupée maléfique ? Le jeune fiancé est soupçonné du meurtre. Le meurtrier a coupé la langue de la victime.

Très macabre. Le jeune homme va retrouver son père, désormais sur une chaise roulante. L'entente n'a jamais régné entre le père et le fils. L'ambiance est très lourde, de plus, le film déroule la préparation des funérailles de la jeune femme assassinée. Le village s'appelle Ravens Fair. Une ville maudite par la vengeance de la ventriloque autrefois assassinée.

Le cinéaste utilise la technique des images légèrement saccadées, si légèrement, presque au niveau subliminal, et cela accentue l'ambiance déjà très macabre. La voiture rouge de Jamie, le jeune homme, tranche sur le décor tout en bleus, comme le blues. Comme les fauteuils rouges dans le théâtre en ruines. La femme du vieux croque-mort joue avec une corneille empaillée, elle semble entendre des voix... et elle rappelle au jeune homme cette comptine enfantine qui parle de Mary Shaw qui n'avait que des marionnettes. Elle le met en garde contre cette femme qui tue tout le monde, affirme-t-elle.

Non, ce n'est pas le film sur une marionnette de ventriloque comme on en a déjà vu. C'est un film terrifiant. Pas de cette terreur grossière et écœurante. Non ! une terreur délicieuse.

L'Orphelinat de Juan Antonio Bayona (2008)
Ce film est présenté par Guillermo del Toro. Mais ce n'est pas pour autant qu'on va se laisser influencer...

"Orphelinat du bon berger". On voit quelques scènes d'enfants jouant au jeu : « un deux trois soleil ». Cela c'est du passé. Aujourd'hui, cette belle bâtisse est occupée. Le petit garçon, Simon, a des amis invisibles. Plutôt des amis issus de l'imaginaire (Peter Pan) qu'il s'est inventés. C'est le fils d'un couple qui ouvre un foyer pour enfants handicapés dans l'ancien orphelinat. Alors que sa mère lui fait visiter une grotte au bord de la plage, elle le surprend parlant avec quelqu'un. Mais il n'y a personne, elle ne voit personne. Cette femme, prénommée Laura, a été pensionnaire dans cet orphelinat à l'époque dont on a vu les événements en début de film. Simon a été adopté. Il est malade. Mais il ne le sait pas. Nous l'apprenons lorsqu'une vieille assistante sociale rend visite à Laura.

On a une petite séance de gore avec un doigt salement écrasé dans la fermeture d'une porte (et une autre plus terrible plus tard...) et... Simon disparaît. Tout cela se passe lors de l'inauguration du foyer d'accueil. Les recherches organisées par la police ne donnent rien. Sa mère ne renonce pas à le chercher.

Comme toujours dans ces histoires il y a le sceptique : Carlos, le mari.

Les événements étranges (et parfois effrayants) se multiplient.

Ce film est un mélange de *La Maison du diable* (Robert Wise 1963) et *Le Sixième sens* (M. Night Shyamalan 1999) : une maison hantée et un enfant qui voit les morts. À la mode espagnole. Une histoire de hantise bien filmée avec quelques petites originalités : le jeu de piste de la chasse au trésor, le phare, et le jeu enfantin « un deux trois soleil »...

La mort des enfants quoi de plus effrayant ? Et leurs fantômes alors ?

La Comtesse de Julie Delpy (2008)

L'histoire de la fameuse comtesse sanglante Erzebet Bathory (1560-1614) qui faisait enlever et assassiner des jeunes filles vierges pour se baigner dans leur sang. Elle a contribué, avec le comte Dracula, au développement des légendes sur les vampires.

Ce film présente une vision romantique de la comtesse hongroise.

C'est une histoire d'amour entre elles, veuve d'âge mûr d'un grand guerrier qui avait fait sa gloire contre les Turcs et un jeune homme.

L'histoire est racontée par ce dernier, qui doutera toujours des accusations qui seront portées contre elle.

La comtesse était devenue folle d'amour, elle en avait vraiment perdu la raison. C'est la thèse du film.

L'homme en noir et la sorcière sont bien sûr présents, comme le dit la légende, mais ne sont pour rien dans l'horreur de la dame... Contrairement à la légende populaire...

Après de nombreuses années de meurtres horribles, sur lesquels la monarchie et l'Église avaient fermé les yeux, elle finira par être arrêtée parce cela était favorable aux projets du roi qui devait beaucoup d'argent à la comtesse.

Ce film peut paraître ennuyeux, car il ne correspond pas aux canons du film d'horreur, mais c'est un très bon film.

De plus, il a un côté documentaire sur ce personnage historique.

C'est la réalisatrice, Julie Delpy, qui joue le rôle de la comtesse.

Mirrors d'Alexandre Aja (2008)
Le prologue est atroce : un type s'égorge devant un miroir (donc devant le spectateur) avec un morceau de verre. Aja pense que ce genre de scène donne du piment à ses films… On comprend plus tard que cela s'est passé dans une grande bâtisse en plein New York. Une grande surface commerciale autrefois incendiée et dont il faut assurer la garde pour préserver le gros œuvre. Un ancien flic (Ben) est embauché pour en assurer la garde. Cette bâtisse est très gothique en fait, avec ses grands escaliers, ses nombreux miroirs très propres et ses mannequins qui traînent partout (ceux de l'ancien magasin).
Parfois, ce film fait penser à l'immeuble du film *Inferno* de Dario Argento (1978), également situé en plein New York… « Fait chier ce bâtiment », s'exclame Ben lorsqu'il entend des cris de femme terrifiée…
La contamination des miroirs (leur hantise) atteint également la famille de Ben en dehors de la bâtisse hantée. Sa sœur en mourra atrocement. L'ex femme de Ben est médecin légiste.
Comme toujours dans ces films il y a le sceptique (la femme de Ben), le psychiatre qui trouve des explications rationnelles. C'est donc un classique du film de hantise. Aja met en scène de l'horreur de manière efficace… En fait, il y a deux scènes terribles dans le film :

le prologue et la mort de la sœur de Ben. Cette dernière scène va peut-être entrer dans l'anthologie des scènes d'horreur ! En fait ce qui fait l'originalité de ces scènes c'est qu'elles se déroulent en double dans le réel (de l'histoire du film, bien sûr) et dans le miroir, l'image de ce dernier étant le déclencheur de l'action réelle.

Puis, pendant que Ben mène l'enquête pour élucider l'origine de la hantise, le film perd son rythme : les changements de lieux rompent l'angoisse... On voit là la patte d'Hollywood dont Aja a bien dû tenir compte, contrairement à ce qu'il affirme. C'est dommage.

Bien sûr l'histoire des miroirs "hantés" est un peu éculée. On pense de suite au roman de Graham Masterton *Le Miroir de Satan*, dans lequel l'écrivain rend, bien sûr, hommage à Lewis Carroll et les miroirs que traverse Alice, Lewis Carroll à qui il prête cette phrase : « A l'intérieur des miroirs c'était le domaine des démons, l'antichambre de l'Enfer lui-même... » soi-disant trouvée dans un manuscrit jusque là inconnu.

Il y a aussi les miroirs dans le film *Orphée* de Jean Cocteau (1950) dans lequel le héros traverse les miroirs à la poursuite de la Mort, second film d'une trilogie avec *Le Sang d'un poète* (1930) et *Le Testament d'Orphée* (1960)

Two Eyes Staring (Zwart Water) d'Elbert Van Strien (2010)

Une histoire de fantôme d'enfant avec de l'eau noire qui coule du robinet (pas très original).

Le scénario développe les thèmes de la paranoïa et de la maison maléfique.

Il est question de possession, comme dans l'affaire *Charles Dexter Ward* de Lovecraft... Là également je n'ai vu le film qu'après la publication de mon livre *Lovecraft au cinéma*.

Hellraiser IX : revelations de Victor Garcia (2010)

Ça commence mal avec des prises de vues en vidéo amateur. On ne va pas au cinéma pour voir des mauvais films d'amateur...

Ah ! On est sauvé : en fait c'est un film amateur que regarde une fille sur une caméra qu'elle a trouvée dans les affaires de son frère.

Dans ce film, Nico, le fiancé de cette fille trouve le « cube » maudit qui ouvre la porte aux enfers des Cénobites.

Les deux garçons sont saouls, Nico, le fiancé est un salaud.

Ce jeune et son ami ont disparu. Pinhead, lui, espionne toute la famille. Dans le sac que fouille la jeune fille, il y a aussi le « cube ». Elle est fascinée par cet objet.

Elle trouve à faire fonctionner le mécanisme et libère ainsi son frère (Steven le copain de Nico) des Cénobites... Enfin, c'est ce que veut faire croire le scénariste au spectateur...

La jeune fille et ses parents, les parents de Nico qui dînaient ensemble, se retrouvent coupés du monde dans leur maison isolée.

Pinhead enfonce des clous dans la tête de Steven écorché...

Le sang ramène à la vie, comme dans le premier film... Nico a besoin de sang pour reconstituer son corps et, pour se terminer, de la peau d'un humain...

Le sadomasochisme homosexuel esthétique et baroque de Barker est ici un peu grand-guignol. Il y a aussi de l'inceste.

L'heure des révélations viendra et chacun devra payer cher ses péchés.

Malgré tout, on frissonne quand même.

Tous ces films « Hellraiser » laissent des traces. On est fasciné malgré la banalité de la réalisation et du jeu des acteurs. C'est l'effet Barker !

The Ward de John Carpenter (2011)

Ce film est sorti direct en vidéo. Dommage, il aurait mérité de belles projections en salles, surtout qu'il est signé John Carpenter.

Une jeune fille est arrêtée alors qu'elle vient d'incendier une vieille maison. Elle est internée dans un asile d'aliénés dans lequel rôde le fantôme d'une ancienne pensionnaire... Mais ce fantôme créera une grosse surprise à la fin.

John Carpenter abandonne le western, si présent dans ses derniers films d'horreur, particulièrement dans *Vampires* (1998) et *Ghost of Mars* (2001).

D'une part, il revient à ses sources avec le thème d'*Halloween* (1978) et surtout il rend hommage à son ami et maître Dario Argento avec ses plans trompeurs et un scénario à la-

byrinthe, tant pis s'il manque un peu de crédibilité, mais ce manque de crédibilité fait partie
du jeu du maestro, et du plaisir du spectateur
s'il veut bien jouer le jeu.

Avec ce film on découvre un Carpenter nouveau, mais qui n'a pas eu grâce auprès des
distributeurs, il faut dire que ce n'est pas nouveau, c'est juste un peu exagéré pour cette
fois.

J'espère que John ne se découragera pas et
continuera son œuvre…

Pour cela je lui souhaite une bonne santé !

La Maison des ombres (The Awakening)
de Nick Murphy (2011)

Le film commence par une citation tirée du
livre dont l'héroïne du film est l'auteur :

« *Entre 1914 et 1919 la guerre et la grippe
ont fait plus d'un million de morts dans la
seule Angleterre. C'est une époque propice
aux fantômes*. Florence Cathrat 'Voir les fantômes' P.7 »

C'est que Florence est une chasseuse de médiums, de faux fantômes, une sceptique, elle
n'y croit pas et dévoile les supercheries. C'est
une espèce de Sherlock Homes de la hantise.
Elle est très compétente, très efficace et devenue célèbre grâce à son livre… Mais, son
scepticisme va être mis à rude épreuve.

Elle est invitée dans un pensionnat où deux
enfants sont morts, l'un assassiné il y a de
longues années et un autre retrouvé mort récemment, victime, dit-on, d'une hantise.

Dans un premier temps elle refuse d'y aller et finit par céder.

Un enfant déclare : « J'aime les discussions d'adulte. » Cela paraît étrange, mais moi aussi, quand j'étais enfant j'aimais les discussions d'adultes...

Cette « maison » imposante est donc devenue un pensionnat pour jeunes garçons (des enfants). On la retrouve ici ou là, en miniature avec à l'intérieur de chaque pièce, des figurines qui reproduisent des scènes vécues par Florence. C'est hallucinant.

Les séquelles de la guerre, un lapin en peluche qui chante une comptine... en fait Florence n'est pas là par hasard. On s'en doutait bien sûr, mais la raison de cette présence étonnera le spectateur...

Ce film raconte une très belle histoire, un traumatisme de l'enfance, et le fait que certaines personnes sont nées avec cette maudite étoile qui fait qu'elles vivent plusieurs grands malheurs...

« Les souvenirs ne sont-ils pas un canular finalement ? » Interroge l'amant de Florence ?

Très bien filmé, très bien joué...

Priest de Scott Stewart (2011)

Ce film est inspiré d'une BD de Min-Woo-Hyung. Seuls les scénaristes de BD ont suffisamment d'indépendance d'esprit pour inventer des histoires invraisemblables. Tant mieux si le cinéma en profite !

Ici nous sommes dans un futur lointain où la guerre entre les humains et les vampires s'est soldée par la défaite de ces derniers. Cette victoire est due aux prêtres guerriers de l'Église, courageux, invincibles.

Une voix off raconte tout cela alors que défilent des planches de dessins grossièrement animés. Cela ressemble au prologue du "Dracula" de Francis Ford Coppola.

D'ailleurs la jeune fille enlevée par les vampires se prénomme Lucie, l'un des personnages féminins principaux du "Dracula" de Bram Stoker.

Nous sommes donc dans une société fasciste dominée par l'Église. Le héros de l'histoire est un prêtre guerrier qui va s'opposer à l'Église pour délivrer sa nièce qui a été enlevée par les vampires, qui ne sont pas beaux ! C'est le moins qu'on puisse dire.

Le style est très western, et il y a même un train qui joue le rôle principal dans l'histoire.

Ce film est un mélange des genres du genre : vampires, post apocalyptique, western, manga, etc.

Seulement deux citations :

"Qui ne connaît aucun péché, ne peut connaître le plaisir »…. Déclame l'homme-vampire.

"Notre pouvoir ne nous vient pas de l'Église, il nous vient de Dieu" déclare la femme prêtre-guerrier…

De très belles bagarres et de très beaux effets spéciaux.

The Cat de Seung-Wook (2011)

Une espèce d'adaptation de la nouvelle d'Edgar Poe souvent adaptée de près ou de loin au cinéma.

Une jeune fille est toiletteuse dans une animalerie. L'idée est bonne.

Elle fait la toilette d'un chat qu'elle remet à son propriétaire qui meurt dans l'ascenseur en compagnie du chat. La jeune fille est claustrophobe. Elle est amenée à recueillir le chat. Le fantôme décomposé d'une petite fille lui apparaît parfois. Sa psychiatre en conclut qu'elle va mieux (!). Décidément les psychiatres sont mal vus dans les films d'horreur... D'ailleurs le père de la jeune fille est interné dans un hôpital psychiatrique...

Le rythme du film est très lent.

La copine de la jeune fille meurt dans un placard (gare à la claustrophobie).

Le chat devient méchant. La jeune fille le ramène à son propriétaire qui ne le veut pas, car il porte malheur. Elle tente alors de l'abandonner. Les morts atroces se multiplient.

Vengeance d'outre-tombe ? Enterrée vivante ? Tout cela est très claustrophobique.

La Dame en noir de James Watkins (2012)
Le troisième film de la nouvelle Hammer !
Et on est bien dans cette ambiance !
Je n'ai pas lu le roman duquel est tiré ce film, dont l'auteur est Susan Hill, mais l'histoire est typiquement Hammer. Plutôt Hammer vu du côté féminin, car il s'agit d'enfants. Et jamais

la Hammer n'a montré mort d'enfant... Si mes souvenirs sont bons.

Il y a d'abord le voyage, comme dans la plupart des *Dracula* de la Hammer. Le héros quitte ses lieux familiers pour aller dans une terrible demeure, très loin de chez lui.

Dans un pays au bord de l'océan, perdu dans les brumes et dont la population arriérée est sous le joug d'une malédiction. Il y a donc un peu de Lovecraft dans cette histoire.

Le film est excellent. Les explications et autres bavardages sont inutiles au spectateur qui comprend tout grâce à la magie du cinéma : des bons plans, cadrages et montage.

Le son aussi est très important et très bien élaboré, comme dans le magnifique film *La Maison du diable* de Robert Wise (1963).

La maison est hantée, le héros isolé s'apercevra trop tard que lui aussi est concerné...

Twixt de Francis Ford Coppola (2012)

Que signifie Twixt ?

Réponse de Coppola dans Paris Match : « En français cela veut dire "entre". Le titre original était "Twixt Now and Sunrise", car le récit se déroule entre le rêve et la réalité, entre le succès et l'échec, entre la vie et la mort. »

Ce petit film (petit par le petit budget, mais grand pour l'art) est superbe.

Coppola est revenu à ses vrais amours : réaliser un film comme il le veut sans avoir derrière lui des argentiers qui exigent ceci et cela.

Il a commencé sa carrière avec Roger Corman c'est dire !

Revenons au film.

Il y a une petite vampire (enfin, on le saura tard dans le film, désolé...) et un clocher avec sept horloges, clocher qui n'est pas sans rappeler l'église abandonnée de Federal Hill de la nouvelle de Lovecraft *Celui qui hantait les ténèbres* (1935), nouvelle dans laquelle il tuait Robert Blake en réponse à Robert Bloch qui avait tué HPL (avec son autorisation) dans sa nouvelle *Le Visiteur venu des étoiles* (1935) ...

Un écrivain d'histoires fantastiques (il est « spécialiste » des sorcières) arrive dans un petit bled pour dédicacer ses livres dans la quincaillerie. Il rencontre une pâle jeune fille toute de blanc vêtue.

Il y a un vieil hôtel abandonné (mais est-ce bien sûr ?) dans lequel se seraient déroulées des horreurs dont les victimes seraient des enfants...

L'écrivain (joué par le sublime Val Kilmer, qui sait si bien ne pas se prendre au sérieux tout en faisant excellemment son boulot) visite les lieux et le temps en rêve avec Edgar Allan Poe... Cela aussi c'est lovecraftien.

C'est d'un macabre vaporeux, une hantise terrible, un film complexe, une complexité qui peut le rendre ennuyeux. Mais il n'est pas fait pour divertir, mais pour réfléchir.

Un très beau film sur la création littéraire, l'inspiration, la culpabilité et la Mort.

La Mort, toujours tellement présente

Frankenstein's Army de Richard Raaphorst (2013)

Les Nazis ont toujours obsédé le cinéma Bis. Ils en ont fait un grand usage dans les films du genre dit « Naziporn »...

Ces dernières années, les nazis reviennent en force avec plein de films sur le retour des nazis avec les zombies (et même sur la Lune où ils s'étaient installés après la défaite...)

Nous voici donc avec un nouveau film d'horreur sur les nazis. Mais ici ils ne sont pas de retour à notre époque. L'action se déroule pendant la guerre 39-45 contre les Soviétiques.

Nous sommes au moment de la contre-offensive victorieuse de l'armée rouge en compagnie d'une section de reconnaissance soviétique. Le film que nous voyons est réalisé par un soldat soviétique qui tient la caméra pour le compte de l'armée. Nous comprendrons pourquoi plus loin.

Ils découvrent un étrange squelette : un humain à tête d'animal !

Et puis un soldat allemand zombifié infecte le caméraman. Enfin on le suppose vu ce qui se passe dans les films de zombies...

Ils découvrent le « laboratoire » nazi de Frankenstein.

Les créatures de Frankenstein sont particulièrement osées. Quel superbe Grand Guignol !

Frankenstein a trouvé comment mettre fin à la guerre : greffer ½ cerveau de communiste avec ½ cerveau de nazi et vice versa ! Fallait y penser !

Dracula 3D de Dario Argento (2013)

Quelle joie de voir un nouveau film de Dario Argento !

D'autant plus que c'est Sergio Stivaletti qui supervise les effets spéciaux !

Argento s'exprime beaucoup dans ses plans, son montage et ses perspectives. Sur ce dernier point, il utilise à fond la 3D.

Il filme le même personnage à l'intérieur, puis à l'extérieur. Là où il est en sécurité et là où il est en danger...

La trame n'est pas la même que dans le roman de Dracula. Mais le cours de l'historien est respecté. Les citations aussi comme cette exclamation de Dracula quand il entend hurler les loups : « Écoutez-les ! Les enfants de la nuit... »

Il y a quelques variantes pour certaines scènes, comme celle du doigt coupé : ce n'est pas Dracula qui suce le sang de ce doigt...

Ce n'est pas non plus Lucy qui est exorcisée par Van Helsing, mais un personnage inventé pour l'occasion.

L'aspect onirique est développé et fabuleusement traité. Les plans sont étudiés pour rendre les perspectives étranges comme dans le cinéma expressionniste. Un hommage direct est rendu au *Nosferatu* de Murnau. Un expressionnisme de couleurs...

Ainsi, plusieurs plans de l'escalier en contre-plongée symbolisent (selon moi) le destin comme dans le *Cabinet du Docteur Caligari*... Ou comme dans la *Maison de la sorcière* de

Lovecraft… Nouvelle dans laquelle Lovecraft écrit : « On retrouva Gilman sur le plancher de sa vieille mansarde aux angles bizarres… » ou encore : « L'espace étroit au toit pointu illuminé de violet, avec son plancher oblique… »

L'amour est éternel ! 400 ans après, Dracula n'a pas oublié sa bien-aimée.

« La passion est aussi dévastatrice qu'un bûcher ! » S'exclame Van Helsing.

Une fois de plus Argento a su nous surprendre avec un thème pourtant éculé. Il a inventé un nouveau Dracula, une nouvelle histoire, du moins, une nouvelle manière de la raconter. Comme il a toujours su le faire.

I, Frankenstein par Stuart Beattie (2013)

Par les producteurs de *Underworld*. On reconnaît effectivement cet univers de gothique urbain.

Ici c'est même absolument gothique avec l'Ordre des gargouilles ! Cet Ordre est en guerre contre les démons. Les anges et le diable en quelque sorte… Mais que vient faire Frankenstein ici ? Ben, demandez au scénariste.

En fait, c'est parce que Frankenstein est la preuve que Dieu n'est plus le seul créateur de l'humanité !

L'enjeu est aussi le livre de Frankenstein, car il y est écrit comment procéder pour créer un être humain. C'est mieux que la Bible !

En passant ils ont inventé une nouvelle discipline scientifique : l'électrophysiologie…

The Haunting in Connecticut 2 – Ghosts of Georgia de Tom Elkins (2013)

Nécromancie taxidermiste.

Une petite famille (couple avec une petite fille) s'installe dans une maison perdue dans la forêt. La tante arrive…

Il y a quelque chose qui cloche : une apparition qui sort du coin de la chambre de l'ancien appartement et des « visions » de la petite fille dans la nouvelle maison.

La petite fille voit Mr Gordy. Bravo le procédé de la photo qui permet de démontrer que la petite fille voit bien le fantôme.

Une hantise esclavagiste !

Toujours le même principe : le spectateur est agacé par le sceptique de service, ici, c'est la maman de la petite…

Le scénario est très léger. On ne va pas faire la liste des incohérences !

Crimson Peak de Guillermo del Toro (2015)

Le fantôme est super bien ! Les plans, les couleurs, le cadrage, les mouvements de caméra créent une ambiance délicieusement fantastique.

Une jeune et riche Américaine épouse un Anglais mystérieux. Ils emménagent dans un manoir à moitié en ruines. Cette bâtisse vermoulue est isolée dans une plate campagne. Elle est construite sur une carrière d'argile rouge. Couleur du sang !

Un complot sinistre et des fantômes… de génération en génération…

« Les fantômes existent, je le sais ! »

Guillermo qualifie son film de « roman go-thique » (Interview dans Sfmag N° 89)

Dracula Untold de Gary Shore (2014)
Une fois de plus Dracula ne veut pas être un vampire !
Il a voulu l'être un moment pour vaincre les Turcs, mais ensuite il lutte pour ne pas le res-ter…
« Être ou ne pas être un vampire ? » Vlad se pose la question !
Belles images, beau jeu des acteurs.

Quelques séries télé

Spawn (Dessin animé) – 1997. On a pu voir ce prodigieux dessin animé à la télévision. Une atmosphère noire, un paysage urbain et gothique, des images tout en rouges et noirs instaurent une angoisse réelle, car elles renvoient à une situation de réalité. Al Simmons devenu Spawn après sa mort joue un jeu cruel et sombre entre le diable et son représentant et les politiciens qui collaborent avec la mafia. Cette série est adaptée de la BD de Todd Mac Farlane.

Babylon 5, la cinquième dimension (Jésus S. Trevino). Film TV pilote de la dernière saison de cette série culte. Notons de suite qu'ici aussi on s'en fiche de savoir que dans le vide spatial le son n'est pas transmis et, donc, on n'entend rien. Bon, mais ils ne sont pas les seuls. Le grand Cthulu est de retour ! Lovecraft n'est pas mort, car il inspire toujours de nombreuses histoires comme celle-ci. *« La porte va s'ouvrir »*, déclare la jolie télépathe Lyta... Car, nos amis de Babylon 5 découvrent dans l'hyper espace un engin vieux d'un million d'années qui doit ouvrir cette porte. *« Nous leur appartenons »* scandent les pauvres êtres possédés par ces entités de l'au-delà. Le gothique, à la mode, est aussi présent, puisque le plan de l'engin ressemble à celui d'une cathédrale et son intérieur aussi. Les scénarios de séries télévisées sont intéressants à étudier, car ils montrent bien les idées majoritaires dans l'air du temps. Ainsi, le type de scénario suivant est fort répandu en cette année 1998 : un « engin » (un artefact, comme disent les archéologues...) mystérieux est trouvé. Un être humain ambitieux (ou manipulé par l'engin) fait tout pour le mettre en marche et ouvrir les portes de l'enfer. Dans *Sphere* (1997) de Barry Levinson, c'est un vaisseau spatial sous la mer, dans *Event Horizon* (1997) de Paul Anderson, c'est un vaisseau disparu puis réapparu, dans *Wishmaster* (1997) de Robert Kurzman, c'est un bijou qui fera venir le djinn...

Lexx (Ron Olivier) 1996. Science fiction + magie + aventures = sciences fantasy. L'ordre divin des vingt mille planètes et « *Sa Divine Nécrose* » exercent une dictature de l'esprit. Voilà une histoire typiquement américaine dans l'esprit d'Edgar Rice Burroughs modernisé. On est tout simplement époustouflé par les décors et les effets spéciaux lors du premier épisode. Ensuite on s'habitue et on s'ennuie (un peu seulement, ne soyons pas trop exigeants). Magnifiques objets spatiaux (Lexx, le vaisseau le plus insecte de la galaxie !) – magnifiques monstres organiques (les « *voracéphales* ») et mécaniques – décors somptueux et... gothiques. L'humour est très bon.

Fringe (2008) de J.J. Abrams, Alex Kurtzman, Roberto Orci.

5 saisons 90 épisodes

Cette série se prend des airs de X-files au début, mais assez rapidement elle montre une réelle originalité. Mine de rien, elle est très influencée par l'œuvre de Lovecraft, notamment les mondes parallèles, les doubles identités, les transformations corporelles et mentales. Ouvrir la porte entre les deux mondes c'est très dangereux ! D'ailleurs celui qui l'a fait est maudit à jamais. Il y a aussi, la folie, l'asile de fous, les laboratoires mystérieux, les livres maudits, les phénomènes incroyables. Et puis une petite ambiance gothique...

Les inscriptions qui indiquent les noms de lieux sont composées de lettres en 3D suspendues dans l'espace.

L'action se déroule à Boston, à quelques encablures de Providence, la ville natale de Lovecraft.

L'épisode N°10 de la deuxième saison envoie carrément la couleur !

Un patient de l'asile où Joseph Slater a été clandestinement opéré du cerveau s'appelle... Stuart Gordon ! Quelques secondes plus tard, un plan indique que nous arrivons au « Dunwich Mental Hospital ».

Cet épisode montre cette éternelle quête de la porte pour passer d'un monde à l'autre.

Dracula de Cole Haddon et Tony Krantz (2013)

Le prologue du pilote est saisissant !.

Un mélange habile de Dracula et Frankenstein qui ne tient pas ses promesses.
Une histoire très originale de Dracula dans un monde steampunk sur une découverte du champ électrique.
Un mélange de moralité et d'immoralité, d'amour et de haine, toute la dialectique de Dracula.
Tout le monde est guidé par l'amour et le pouvoir.
Dommage, la série a été interrompue, car, comme je l'ai écrit plus haut, elle n'a pas tenu ses promesses.

Penny Dreadful de John Logan (2014)
Série Netflix. Deux saisons.
"Penny Dreadful" c'était des petits bulletins d'histoires d'horreurs vendus un penny pendant l'époque victorienne en Angleterre.
La série poursuit cette tradition en rassemblant tous les monstres de la tradition littéraire : vampires, zombies, éventreur, ainsi que ses personnages : Frankenstein, Dorian Grey, Nina Murray, Jack l'Éventreur, Van Helsing, (donc aussi Dracula) et… Buffalo Bill, enfin, une sorte de Buffalo Bill.
Quelques plans de corps dépecés, des monceaux de corps dépecés. Ils font parler les morts aussi. Il y a profusion… Quelques soupçons de vulgarité et du sexe.
Le « monstre » du docteur Frankenstein qui n'est pas monstrueux sort se promener. Victor veut vaincre la Mort. La maladie et la mort,

c'est dégoûtant. Enfant, il avait commencé par lire un traité d'anatomie humaine.

« Ça » était une abomination.

« Ces machines pleines d'engrenage et de dents. »

Le Grand-Guignol va enseigner le plaisir de l'horreur au « monstre » de Frankenstein.

Nous voilà arrivés à l'

Épisode 5

Le scénario nous ennuie avec un retour au passé de Vanessa Ives et Mina Murray. C'est un peu niais. La différence est trop brutale par rapport aux épisodes précédents. Nous avons droit à un petit cours « d'hystérie psycho... » de l'époque... et son terrible traitement. Van Helsing montre à Frankenstein son exemplaire *Varney le vampire*, un Penny Dreadful de l'époque. Le scénariste se débarrasse du personnage de Van Helsing dont, sans doute, il ne savait que faire...

Épisode 6

Peny Dreadfull : « un penny épouvantable ! »

Épisode 7

Un peu de psychanalyse, mais pourtant elle n'existait pas encore ! Aussi bien que *L'Exorciste*. Un petit paragraphe sur l'immigration. Le scénario s'en sort avec une entourloupe.

Épisode 8

Queue de Poisson

SAISON 2

Épisode 1

Nouvelle démonologie. Lucifer, Memento Mori et puis bientôt Erzebeth Batory ?

Naissance de madame Frankenstein.

Épisode 2

Verbis Diablo (langage du diable). La maison de la sorcière. Le Monstre de Frankenstein se fait draguer par toutes les femmes qui passent...

Épisode 3

Les visiteurs de la nuit. Toujours sorcières et diableries.

Épisode 4

Bavardages avec le monstre de Frankenstein. Bavardages entre le cowboy et la sorcière.

Dorian Grey joue au ping-pong avec l'androgyne.

Épisode 5

Les sorcières jouent avec leurs poupées et on s'ennuie. Toutes les filles draguent le monstre de Frankenstein sauf sa « fiancée », la fille de Frankenstein.

Le monstre de Frankenstein et Vanessa déclament des poésies.

Sodomisation, etc.

Les orages ont du bon pour se jeter dans les bras l'un de l'autre.

Épisode 6

Bavardages ennuyeux. Scénario facile avec les colifichets de la sorcière. Tout le monde se retrouve au bal. Que c'est banal !

Fallait être idiote pour aller à ce bal...

Épisode 7

Tête-à-tête de la belle et la bête. Mais n'est pas dangereux celui qu'on croit... Enfin, un épisode intéressant.

Épisode 8

(Memento Mori) Vraiment la sorcière est un personnage grotesque, nul. Avec ses poupées stupides et ses incantations absurdes. Ne parlons pas des pitreries homosexuelles de Dorian Grey et « sa » compagne Angélique. J'aime beaucoup mieux le « débat » entre les deux créatures de Frankenstein.

Le discours de la sorcière avec Malcom est pédant et naïf. Le casting n'est pas terrible.

Épisode 9

L'intérêt d'être un loup-garou. L'inévitable scène de cul. Très nulles les tentations du démon. Toujours des plans de voiture à cheval pour réaliser l'intermezzo…

Épisode 10

Bon… Frankenstein, un nouveau John Seward. Le monstre de Frankenstein est un intellectuel…

Scream de Dan Dworkin, Jay Beattie (2015)

Série Netflix. Wes Craven est producteur exécutif. Il est décédé en cours de diffusion de la série.

Un paquet de belles jeunes filles et de beaux jeunes hommes, du sexe et des meurtres horribles qui semblent venir du passé. Le fantôme d'un monstre ?

En classe les jeunes gens étudient le roman gothique. On sent une érudition du scénariste : *Le Moine, le Château D'Otrante, la Lettre écarlate*…

Comme dans les bons vieux classiques d'horreur, ce sont les connasses qui se font dézinguer, et le sujet est abordé en long en large et en travers.

Le sujet ? La connerie de la victime qui était une « salope ».

Dans les slashers c'est l'imagination pour la mise en scène des mises à mort qui compte. Le film *Scream* c'était avec le téléphone que le tueur attirait sa victime, ici c'est avec les réseaux sociaux…

Le téléphone de Scream provenait directement de Mario Bava avec son film *Les trois vissages de la peur* (1963) dont un sketch se nomme « Le Téléphone »…

Épisode 2

Cette série doit comporter beaucoup de personnages, surtout des filles, car il en meurt une à chaque épisode. La femme : démon tentateur…

Épisode 3

Le tueur fait choisir ses victimes par Emma.

Épisode 4

Ah ! Au fait, il y a du nouveau dans cette série : un des personnages principaux est médecin légiste, c'est une femme, une espèce de Scully…*

Épisode 5

Jusque-là les personnages étaient bien campés, mais là ils deviennent caricaturaux.

Épisode 6

Encore l'exploration d'un lieu abandonné avec des lampes de poche. En fait, en général, dans ces films, toutes les victimes sont des salauds. Le scénario prend le spectateur dans un piège grossier. Un peu grotesque ce tueur masqué invincible ?

Épisode 7

Comme dans les films *Scream*, la série démonte les règles du jeu des films d'horreur avec serial killer

Les assassinats ont cessé depuis l'épisode 5 (ou 4 ?)

Quelle connerie ! Trop con la fille. (Willi est assassiné !)

Épisode 8

Mort la plus atroce !

La pièce *Les Sorcières de Salem* est citée. Ils font un parallèle avec le Mac Carthysme. Facile...

Le film *The Faculty* est cité. Un petit hommage à Kevin Williamson, le scénariste des Scream 1, 2 et 4 ?

Épisode 9

Halloween

Épisode 10

J'avais deviné !

Conclusion : je ne sais pas si cela s'est senti dans mes chroniques ci-dessus, mais cette série m'a bien plu. Elle a vraiment actualisé la série des films Scream, elle les a mis au goût du jour. Et ce n'est pas toujours facile !

Index

www.ingramcontent.com/pod-product-compliance
Lightning Source LLC
Chambersburg PA
CBHW031127090426
42738CB00008B/999